MELHORES POEMAS

Alberto de Oliveira

Direção
EDLA VAN STEEN

MELHORES POEMAS

Alberto de Oliveira

Seleção
SÂNZIO DE AZEVEDO

São Paulo
2007

© Global Editora, 2007
1ª Edição, Global Editora, 2007

Diretor Editorial
JEFFERSON L. ALVES

Gerente de Produção
FLÁVIO SAMUEL

Coordenadora Editorial
RITA DE CÁSSIA SAM

Projeto de Capa
VICTOR BURTON

Revisão
JOÃO REYNALDO DE PAIVA

Editoração Eletrônica
ANTONIO SILVIO LOPES

ACADEMIA BRASILEIRA DE LETRAS
DIRETORIA DE 2007

Presidente – Marcos Vinicios Vilaça
Secretário-geral – Cícero Sandroni
1ª Secretária – Ana Maria Machado
2º Secretário – Domício Proença Filho
Tesoureiro – Evanildo Bechara
Diretor da Comissão de Publicações – Antonio Carlos Secchin

Av. Presidente Wilson, 203 – Castelo
CEP 20030-021 – Rio de Janeiro – RJ
Tel.: 21 3974-2500 | 3974-2571
academia@academia.org.br | www.academia.org.br

Dados Internacionais de Catalogação na Publicação (CIP)
(Câmara Brasileira do Livro, SP, Brasil)

Oliveira, Alberto de, 1859-1937.
  Melhores poemas / Alberto de Oliveira ; seleção Sânzio de Azevedo. – São Paulo : Global ; Rio de Janeiro : Academia Brasileira de Letras, 2007. – (Coleção Melhores Poemas / direção Edla van Steen).

  Bibliografia.
  ISBN 978-85-260-1232-5

  1. Oliveira, Alberto de, 1859-1937 2. Poesia brasileira I. Azevedo, Sânzio de II. Steen, Edla van. III. Título. IV. Série.

07-6166   CDD–869.91

Índices para catálogo sistemático:

1. Poesia : Literatura brasileira   869.91

Direitos Reservados

 GLOBAL EDITORA E DISTRIBUIDORA LTDA.

Rua Pirapitingüi, 111 – Liberdade
CEP 01508-020 – São Paulo – SP
Tel.: 11 3277-7999 – Fax: 11 3277-8141
e-mail: global@globaleditora.com.br
www.globaleditora.com.br

 Colabore com a produção científica e cultural.
Proibida a reprodução total ou parcial desta obra
sem a autorização dos editores.

Nº DE CATÁLOGO: **2946**

Sânzio de Azevedo, professor visitante de Literatura Brasileira e Teoria do Verso na Universidade Federal do Ceará, é doutor em Letras pela UFRJ. Autor de mais de vinte livros – poesia, ensaio, historiografia, crítica e biografia –, dentre eles se destacam *Literatura cearense* (1976), *Apolo versus Dionisos: considerações em torno do Parnasianismo brasileiro* (1978), *A Padaria Espiritual e o Simbolismo no Ceará* (2ª ed. 1996), *Para uma teoria do verso* (1997), *Adolfo Caminha: vida e obra* (2ª ed. 1999) e *O Parnasianismo na poesia brasileira* (2004). É colaborador especial da *Enciclopédia de literatura brasileira* (2ª ed. 2001), dirigida por Afrânio Coutinho e J. Galante de Sousa. Sua conferência "Alberto de Oliveira: a ortodoxia em questão", pronunciada na Academia Brasileira de Letras no ano de 2003, está no livro *Escolas literárias no Brasil* (2004), da ABL, coordenação de Ivan Junqueira. É responsável pela seleção e pelo prefácio de *Parnasianismo* (2006), na coleção Roteiro da Poesia Brasileira, dirigida por Edla van Steen.

ALBERTO DE OLIVEIRA: ORTODOXO, MAS NEM SEMPRE

O Parnasianismo, mesmo na França, onde nasceu com a coletânea *Le Parnasse Contemporain* (1866), publicada pelo editor Lemerre, é motivo de desprezo. Luc Decaunes afirma-o claramente: "A poesia parnasiana, na França, é mal suportada. Não goza de nenhuma reputação séria, e até faz sorrir". No entanto, lembra o estudioso, quando a corrente surgiu, ela representava "a expressão de uma geração nova, que se afirma de certa maneira, em determinado momento".[1]

No Brasil, os fundadores do Modernismo, com toda a razão, fizeram tudo para ridicularizar e desqualificar a arte do Parnaso, já que o Simbolismo, em nossa terra, não havia conseguido deter a marcha ascensional da escola de Bilac, o qual, embora morto, era alvo dos maiores ataques por conta de sua imensa popularidade entre os leitores comuns.

O problema é que ainda hoje, passados tantos anos, há livros didáticos (e às vezes livros não-didáticos) que ficam repetindo esse tipo de crítica, geralmente por ignorância, quando não por má-fé.

---

1 DECAUNES, Luc. *La Poésie parnassienne*. Paris: Seghers, 1977, p. 7.

Recuemos porém aos anos 1930 e vamos ver um crítico brilhante e de grande erudição, Agripino Grieco, cujos versos, sepultados em velhas antologias, não nos mostram um poeta moderno, dizer coisas deste teor: "A escola parnasiana quis formar, aqui, uma espécie de diretório de inteligências. Não houve nunca escola em que pontificassem tantos bonzos autoritários. Criam-se eles os únicos detentores dos segredos da beleza".[2] E por aí vai...

Antonio Carlos Secchin acerta em cheio ao dizer do Parnasianismo: "o movimento costuma ser estigmatizado por não ser o que ele não se propôs a ser". Aponta-se na escola a ausência da "carga emotiva do Romantismo", da "complexidade do Simbolismo" ou da "carga irônica do Modernismo", ao que o crítico acrescenta: "Observe-se, em todas estas condenações, uma espécie de definição negativa, de tentar dizer que o movimento é aquilo que deixou de ser".[3]

Dos poetas que se incluem no Parnasianismo brasileiro, três logo se destacaram dos demais, a ponto de chegarem involuntariamente a formar uma "trindade": Alberto de Oliveira, Raimundo Correia e Olavo Bilac.

Posteriormente, a esse trio seria acrescentado o nome de Vicente de Carvalho, cujo livro principal, *Poemas e canções*, que o consagrou definitivamente, só iria aparecer em 1908, daí ele não haver figurado logo no famoso grupo.

---

2   GRIECO, Agripino. *Evolução da poesia brasileira*. Rio de Janeiro: Ariel, 1932, p. 167.
3   SECCHIN, Antonio Carlos. "Presença do Parnaso." In: JUNQUEIRA, Ivan (Coord.). *Escolas Literárias no Brasil*. Rio de Janeiro: Academia Brasileira de Letras, 2004, t. 2, p. 491.

Bem ou mal, a crítica e muitos leitores foram tentando caracterizar a poesia de cada um desses poetas. Seguindo a ordem inversa dos nomes citados, Vicente de Carvalho, o menos ortodoxo deles, ficou conhecido como o poeta do mar; Olavo Bilac, embora haja composto poemas dentro dos moldes clássicos, e não obstante sua "Profissão de fé", que anda nos livros didáticos, sobressaiu mais pela sensualidade escaldante; Raimundo Correia, autor do célebre soneto "Mal secreto", era tido como um poeta dado a lucubrações filosóficas; por fim, Alberto de Oliveira, de quem falaremos mais demoradamente, nem depois de morto se livraria da pecha de impassível.

A verdade é que talvez pelo fato de Sílvio Romero haver um dia afirmado que ele era "o parnasiano em regra, extremado, completo, radical",[4] Alberto de Oliveira tem sido apontado, pelos tempos afora, como o mais constantemente ortodoxo de nossos cultores da Forma, o que não coincide rigorosamente com a leitura de toda a sua obra, a qual não se pode resumir ao soneto "Vaso grego", um dos textos transcritos pelo crítico sergipano e reproduzido em inúmeras obras didáticas. O soneto se inicia com estes versos, onde avultam as inversões sintáticas, ou hipérbatos: "Esta de áureos relevos, trabalhada / De divas mãos, brilhante copa, um dia, / Já de aos deuses servir como cansada, / Vinda do Olimpo, a um novo deus servia".

Acontece que, se o tema aponta para o Parnasianismo, os hipérbatos de que o poema está cheio

---

4   ROMERO, Sílvio. *História da literatura brasileira*. 6. ed. Org. Nelson Romero. Rio de Janeiro: J. Olympio, 1960, v. 5, p. 1676.

remetem antes para o Barroco, o que já foi apontado por Geir Campos, quando disse que ele é "de estrutura gongórica, mais do que parnasiana".[5]

É até o caso de lembrar que um dos traços mais marcantes do Parnasianismo francês é a clareza, mesmo porque o idioma de Théophile Gautier nunca foi muito de inversões...

Deixou Alberto de Oliveira uma das mais vastas obras da corrente no Brasil, pois além das *Canções românticas* (1878) que, apesar do título, inauguram o Parnasianismo entre nós, de *Meridionais* (1884), dos *Sonetos e poemas* (1885) e dos *Versos e rimas* (1895), fez editar quatro séries de suas *Poesias* (1900, 1906, 1913 e 1927), que praticamente reúnem tudo quanto escreveu em verso.

É fato sabido que o poeta se iniciou ao tempo de três correntes anti-românticas: a Poesia Filosófico-científica, a Poesia Realista e a Poesia Socialista. Nesta última, que era antimonarquista, pontificavam Lúcio de Mendonça e Fontoura Xavier, poeta que num de seus poemas aconselhava Teófilo Dias a abandonar os versos de amor para abraçar a musa social. Alberto de Oliveira, amigo tanto de Fontoura quanto de Teófilo, achou de incluir em suas *Canções românticas* um soneto no qual dizia também ler "a lenda dos gigantes". Machado de Assis, no ensaio "A Nova Geração", de 1879, aconselhou-o a não seguir esse caminho: "O Sr. Alberto de Oliveira pode folhear a lenda dos gigantes; mas não lhes dê um canto, uma estrofe, um

---

5 CAMPOS, Geir. *Alberto de Oliveira*. Rio de Janeiro: Agir, 1959, p. 22.

verso; é o conselho da crítica. Nem todos cantam tudo; e o erro talvez da geração nova será querer modelar-se por um só padrão".[6]

Seis anos depois, ao prefaciar as *Meridionais*, o futuro autor de *Quincas Borba* dizia que o poeta buscava algo remoto, "que não seja a vulgaridade presente. Daí essa volta freqüente das reminiscências helênicas ou medievais, os belos sonetos em que nos conta o nascimento de Vênus, e tantos outros quadros antigos, ou alusões espalhadas por versos e estrofes". E adiante afirma, de maneira consagradora: "Os versos do nosso poeta são trabalhados com perfeição".[7]

Há nesse livro, com efeito, traços evocadores da velha Grécia, como "A volta da galera", "Afrodite" e outros poemas mostram. Porém, o lirismo amoroso pode ser visto em "À luz do ocaso", como a nota descritiva em "Manhã de caça". A presença da morte (que acompanhará a obra do poeta) está em mais de um texto, como em "Contraste", no qual o artista, pintando a cena de fora, mostra-nos o túmulo de uma criança, diante do qual reza a mãe aflita. Mas o mês é maio, e mesmo sendo os versos trabalhados, a emoção transborda deles: "E a terra, a grande mãe, as fundas dores/ De outra mãe desconhece e, vendo-a em pranto,/ Em vez de em pranto abrir-se, abre-se em flores".

Até um crítico como Massaud Moisés, para quem o poeta "sacrificou baldadamente os sentimentos mais íntimos em nome de uma coerência infrutí-

---

6 ASSIS, Machado de. *Obra completa*. Rio de Janeiro: Aguilar, 1962, v. 3, p. 825-26.
7 ASSIS, Machado de. "Prefácio." In: OLIVEIRA, Alberto de. *Poesias*, 1ª série. Rio de Janeiro: Garnier, 1912, p. 73.

fera", reconhece que em alguns poemas ("Os amores da estrela", "Pastores" e "Choro de vagas") "a couraça dos versos não alcança aprisionar totalmente o circuito de emoção que habita o artista".[8]

Quanto à recorrência de inúmeros temas no poeta, isso levaria Geir Campos a afirmar que sua poesia "não apresenta 'fases', e sim 'faces'".[9] Apesar de vários críticos repetirem essa opinião, não concordamos inteiramente com ela, uma vez que seria impossível conservar-se o poeta o mesmo ao longo de meio século. Ademais, é fácil mostrar "faces" em outros autores da escola, como Bilac e Raimundo Correia.

Se quisermos exemplo claro de ortodoxia parnasiana, até no sentido francês, nos *Sonetos e poemas* encontraremos o exotismo de "A galera de Cleópatra", vazado em alexandrinos clássicos, à maneira de Heredia e com vários encadeamentos ou *enjambements*, e cujo primeiro quarteto introduz a embarcação real singrando o Nilo: "Rio abaixo lá vai, de proa ao sol do Egito,/ A galera real. Cinqüenta remos lestos/ Impelem-na. O verão faz rutilar, aos estos/ Da luz, de um céu de cobre o horizonte infinito".

Tratando-se de um "flash", um momento fugaz captado pela pena do poeta, como uma cena apanhada pela câmera de um cinegrafista, logo depois vai-se falar de uns restos de templo com uma torre (pilão), de uma esfinge e do vôo de um íbis, até surgir a filha de Ptolomeu Aulete. A erudição do artista faz com que, no primeiro terceto, apareça: "D'água morna

---

8   MOISÉS, Massaud. *A literatura brasileira através dos textos*. 19. ed. São Paulo: Cultrix, 1996, p. 244.
9   CAMPOS, Geir. Op. cit., p. 10.

emergindo, a escama de um facaca". Somente com a ajuda de uma estudiosa de hieróglifos, Ive Marian de Carvalho, viemos a saber que facaca (no original fakaka) é um peixe da terra dos faraós.

Podemos dizer que o exotismo dos românticos nascia da imaginação criadora; já o exotismo parnasiano, iniciado por Leconte de Lisle, é fruto da erudição do poeta. Acrescente-se, a bem da verdade, que textos assim radicalmente ligados à ortodoxia da escola são menos comuns em Alberto de Oliveira do que geralmente se pensa.

Por sinal, Ronald de Carvalho, em livro de 1919, quando o poeta havia publicado a terceira série de suas *Poesias*, observava que ele não tinha conseguido "destruir a lenda renitente de impassibilidade e frieza que lhe granjearem os sonetos cheios de lavor, e algum tanto inexpressivos, da sua primitiva maneira de versejar".[10] Esses *Sonetos e poemas* estariam dentro dessa fase mais radical. Mas é do mesmo livro um soneto que, sozinho, desmentiria essa fama de impessoalidade: trata-se de "Enfim!" que, além da exclamação do título, revela uma emoção incontida, com a antropomorfização de toda uma floresta, e que termina assim: "Auras, silêncio! Enfim, sua mãozinha, / Sua mão de jaspe, sua mão de neve, / Sua alva mão pude apertar na minha!" Note-se que o poeta, exímio metrificador, emprega *sua*, no início do penúltimo verso, com uma sílaba, por sinérese, e com duas sílabas depois, o que já houve quem equivocadamente considerasse erro.

---

10 CARVALHO, Ronald de. *Pequena história da literatura brasileira*. 4. ed. Rio de Janeiro: Briguiet, 1929, p. 339-40.

Versos e rimas, livro onde se encontra um texto que marcou época, "Aspiração" ("Ser palmeira! Existir num píncaro azulado"), é o mesmo que abriga um soneto que andou pelas antologias, "A vingança da porta". Pela estrutura versificatória, pode ser considerado próximo do Parnasianismo, mas pelo tema, com um homem rude que bate a porta nos batentes e um dia, ao voltar a casa, "vê na sala/ A mulher como douda e a filha morta", parece-nos mais aparentado ao Ultra-romantismo. Até admira o fato de ele figurar, como exemplo da "escola parnasiana", no *Tratado de versificação* (1905), de Bilac e Guimaraens Passos.

É desse livro ainda "A camisa de Olga", poema que fez o prefaciador do volume, Araripe Júnior, falar em "fetichismo erótico" na obra do poeta. Por sinal, esse erotismo, que de certa forma escandalizou Nestor Vítor, mais tarde chamaria a atenção de Eugênio Gomes e, mais recentemente, de Marco Aurélio Mello Reis, mas ninguém o focalizou com mais profundidade do que Ivan Junqueira no estudo "A face erótica de Alberto de Oliveira" (volume II das *Poesias completas*. Rio de janeiro: UERJ, 1978).

Fecha a primeira série das *Poesias* o longo poema "Por amor de uma lágrima". Mário de Andrade, em 1921, na série "Mestres do passado", faz restrições ao poeta (afinal eram artigos contra o Parnasianismo), mas ao se referir a esse poema diz, com a honestidade que o caracterizava: "Iguala Heine e iguala Goethe nos 'lieder'. O que não implica haver imitação".[11]

---

11 Apud BRITO, Mário da Silva. *História do Modernismo brasileiro*. 2. ed. Rio de Janeiro: Civilização Brasileira, 1964, p. 279.

O poeta pagaria ainda tributo, efêmero embora, ao gosto pelos hipérbatos. A primeira edição da segunda série das *Poesias*, que circulou em 1905 com data de 1906, abria com o soneto "Taça de coral", que fala de um pastor sedento socorrido por uma "piedosa Naia"; o resultado é que "ele no seu de faia/ De ao pé do Alfeu tarro escultado bebe". José Veríssimo em livro de 1907 considerou o poema "mácula detestável e imperdoável desse livro primoroso".[12] E Olavo Bilac, ainda em outubro de 1905, havia estranhado a presença daquele poema tão rebuscado, mas advertia: "Mas, logo ao voltar a primeira página, como estamos longe da Grécia, das deusas do Olimpo, dos pastores da Arcádia, das paisagens, dos homens e das cousas da Hélade!"[13]

Realmente, nesse volume estão os versos simples e belos de "Num trem de subúrbio" e, entre outros, a beleza quase romântica de "Alma em flor", longo poema que, elogiado por Manuel Bandeira, seria transcrito, na íntegra, em sua *Antologia dos poetas brasileiros da fase parnasiana* (1938).

Na terceira série das *Poesias*, há páginas antológicas, como "A cigarra da chácara", "Maré de equinócio" e, entre outras, "Floresta convulsa", mas é digno de destaque, pela originalidade do pensamento, o soneto "Solidão", em que o poeta imagina a vida após a morte e fala à amada: "Oh! que horror, se, ao chegar ao torvo Ignoto um dia,/ Outra és tu, se te

---

12 VERÍSSIMO, José. *Estudos de literatura brasileira, 6ª série*. Rio de Janeiro: Garnier, 1907, p. 147.
13 BILAC, Olavo. "Crônica." *Kosmos*. Rio de Janeiro, ano II, n. 10, out. 1905.

abraço – e te acho esquiva e fria, / Se te falo e segredo – e não me entendes mais!"

Da mesma série é o soneto "Pastores", no qual o poeta fala a alguém, revelando haver sonhando com ela, que era chamada na aldeia "Aônia, ou Dafne, ou Lília". Note-se a leveza dos tercetos, onde nada lembra a fama de impassível que ainda hoje tem o autor: "E sonho-me eu também em meio dos pastores. / Menalcas é o meu nome, ou Jano, ou Tirses. Canto / E cajado e surrão às plantas te deponho. // Enastrado por ti o meu rabel de flores, / Em contendas me travo a celebrar-te o encanto. / Oh! tempos que lá vão! oh! vida antiga!... oh! sonho!"

Na quarta e última série de *Poesias*, é interessante observar que no soneto "Crescente de agosto", em alexandrinos, há este verso, um trímetro (com ictos nas sílabas 4ª, 8ª e 12ª), mas que não comporta, nem teoricamente, a cesura medial:

O ar embalsama, os círros leva, o escuro afasta.

No mesmo volume, o soneto "Manhã", primeiro de "Alto da serra", ostenta igualmente um alexandrino trímetro sem a cesura medial:

Que as flores lava, os brotos abre, o ar purifica.

Isso, para não falar de "Cheiro de flor", onde, além de dodecassílabos sem a cesura, vamos deparar com versos até de catorze sílabas...
Mais de um estudioso já deu a entender que Alberto de Oliveira foi, até o fim da vida, fiel à versificação parnasiana. Aqueles dois versos transcritos

bastam para desmentir essa afirmação. Olavo Bilac jamais praticou nem admitiu um verso de 12 sílabas sem a cesura medial. Tendo vivido mais, o poeta de *Versos e rimas* assimilou algumas das ousadias dos simbolistas, daí seus alexandrinos nada ortodoxos. Sendo assim, desfaz-se a idéia de que o poeta teve, ao longo de sua obra, "faces" e não "fases".

Acrescente-se a isso o tom crepuscular que a sua musa assume na última série de *Poesias*, o que se pode ver em "Velhice", "A casa da rua Abílio" ("Entre os ferros da grade,/ Espreitando o interior, olha a minha saudade.") ou ainda "O caminho do morro", que diz: "De setembro até março uma colcha de flores/ Tapetava-o. Reluz-lhe em poças de água o céu;/ Das folhas sobre o saibro os orvalhos escorrem...// Mas morreram na casa, em cima, os moradores,/ Morreu, caindo, a casa, o moinho morreu,/ O caminho morreu... Até os caminhos morrem!"

Há em todos esses poemas uma nota crepuscular que indica um despedir-se da vida, que não poderia estar nos primeiros livros, porque própria de quem vai penetrando as sombras da velhice: "Agora é tarde para um novo rumo/ Dar ao sequioso espírito"...

Num livro de reminiscências, o saudoso acadêmico Marcos Almir Madeira conta, com sua linguagem pitoresca, que, ainda menino, ousou perguntar a Alberto de Oliveira qual o maior poeta brasileiro, na sua opinião: "Minha mãe ao meu lado soprou uma errata: 'Qual o maior, depois do Sr.?' Refiz a indagação, introduzindo a cola com que o zelo materno me fazia passar por um garoto polido. E o mestre, escandindo a resposta (ele falava como escrevia): 'Sobre qual foi dentre todos o maior, responderei em tris:

17

Varela, Varela e Varela.' A família esperava que o ilustre Alberto trilasse seu grande amigo e companheiro de artesania parnasiana: Bilac, Bilac e Bilac".[14] Para Marcos Almir Madeira, talvez o parnasiano admirasse no romântico a diferença que os separava. Entretanto, havendo ocorrido esse episódio por volta de 1926, é possível que o poeta das *Meridionais* que, em conferência pronunciada em 1913, considerara errados os alexandrinos de Varela, pensasse de modo diferente treze anos depois. E não podemos esquecer que Alberto de Oliveira e Fagundes Varela podem ser (e já o foram) considerados poetas da natureza.

A poesia do autor de *Versos e rimas* – tão rica que, além dos temas aqui já referidos, chega a versar temas sociais, como em "Almas sofredoras" – está longe de se resumir, como alguns livros didáticos sugerem, ao artificialismo do "Vaso grego". E desde que, nos anos 1950, ainda na adolescência, ouvimos um poema de "Alma em flor" dito pelo amigo e poeta Henriques do Cerro Azul, começamos a desconfiar de que Alberto de Oliveira era bem maior do que julgam os que lhe desconhecem a vasta obra.

Na presente seleção, fizemos questão de incluir textos em que o poeta segue rigorosamente os cânones do Parnasianismo francês, ao lado de outros nos quais, seja pelo lirismo transbordante, seja pelo abandono de certas normas de versificação, ele se afasta decididamente da ortodoxia da escola.

Sânzio de Azevedo

---

14 MADEIRA, Marcos Almir. *Na província e na corte*. Rio de Janeiro: Academia Brasileira de Letras, 2005, p. 145.

POEMAS

CANÇÕES ROMÂNTICAS

(1878)

APARIÇÃO NAS ÁGUAS

I

Vênus, a ideal pagã que a velha Grécia um dia
Viu esplêndida erguer-se à branca flor da espuma,
– Cisne do mar Iônio,
Desvendado da bruma,
Visão, filha talvez da ardente fantasia
De um cérebro de deus:
Vênus, quando eu te vejo a resvalar tão pura
Do largo oceano à flor,
Das águas verde-azuis na úmida frescura,
Vem dos prístinos céus,
Vem da Grécia, que é morta,
Abre do azul a misteriosa porta
E em ti revive, ó pérola do Amor!

II

É como um sonho imenso de gigantes,
Cortado de relâmpagos de assombros,
Este espasmo em que fico, quando vejo
Da luz nascente desatar-se a um beijo
Os teus longos cabelos ondeantes
Sobre o mármore santo de teus ombros.

Há um como abrir de Ilíadas augustas
Pelo sidéreo espaço que dominas,
Um como céu de deuses que se rasga,
E um levantar de místicas cortinas!
Depois, no fundo azul do quadro imenso,
A visão nua, as carnes florescentes...
Sonhos... palpitações... deslumbramentos...
A voz apocalíptica dos ventos,
E o Mistério infinito
A dilatar as pálpebras dormentes!

III

Que aparição de luz! Em breve, em breve
Vais na água flutuar!
Ah! que as ondas, cruel, não sejam lábios,
E que eu não seja o mar!
Hora sagrada e grande! No arvoredo
Que te sombreia há um cântico piedoso;
Tudo recorda o Éden. Doce e a medo
Uma suave viração farfalha,
E há uma bênção que lúcida se espalha
No azul religioso.
Parece que uma eólia ampla alegria
Faz-se ouvir nas marítimas bafagens,
À água varrendo a face ondeada e cérula,
E que em vez dos orvalhos se desfia
Um rosário de luz, pérola a pérola,
Das encurvadas múrmuras ramagens.

IV

Clítia, a filha da Hélade divina,
Jamais foi vista assim do louco amante
No claro banho! Como a grega ondina,
Paixão, delírio, ardente amor inspira
Teu corpo flutuante
Sobre as águas do mar, mansas e mansas!
Ficam-te a flux as perfumadas tranças:
Tal no banho aromático a hetaíra.

V

Do meu amor os ímpetos não domas!
E ah! quem, como eu, não te adorara,
Se visse na onda clara,
Como a suster-te, as tuas alvas pomas!
Quem não sentira n'alma estes arrancos,
Todo o ferver do interno cataclismo,
Ao ver-te nua, ao ver-te os seios brancos,
As formas de Diana,
Banhadas de uma luz prometeana,
Ó sideral aparição do Abismo!

VI

Num relâmpago foges. A alva errante
Também sumiu-se no clarão crescente,
A arroxear o Levante.
....
O sol ascende vagarosamente.

O ÍDOLO

Sobre um trono de mármore sombrio,
Em templo escuro, há muito abandonado,
Em seu grande silêncio, austero e frio
Um ídolo de gesso está sentado.

E como à estranha mão, a paz silente
Quebrando em torno às funerárias urnas,
Ressoa um órgão compassadamente
Pelas amplas abóbadas soturnas.

Cai fora a noite – mar que se retrata
Em outro mar – dois pélagos azuis;
Num as ondas – alcíones de prata,
No outro os astros – alcíones de luz.

E de seu negro mármore no trono
O ídolo de gesso está sentado.
Assim um coração repousa em sono...
Assim meu coração vive fechado.

MERIDIONAIS

(1884)

FANTÁSTICA

Erguido em negro mámor luzidio,
Portas fechadas, num mistério enorme,
Numa terra de reis, mudo e sombrio,
Sono de lendas um palácio dorme.

Torvo, imoto em seu leito, um rio o cinge,
E, à luz dos plenilúnios argentados,
Vê-se em bronze uma antiga e bronca esfinge,
E lamentam-se arbustos encantados.

Dentro, assombro e mudez! quedas figuras
De reis e de rainhas; penduradas
Pelo muro panóplias, armaduras,
Dardos, elmos, punhais, piques, espadas.

E ainda ornada de gemas e vestida
De tiros de matiz de ardentes cores,
Uma bela princesa está sem vida
Sobre um toro fantástico de flores.

Traz o colo estrelado de diamantes,
Colo mais claro do que a espuma jônia,
E rolam-lhe os cabelos abundantes
Sobre peles nevadas de Issedônia.

Entre o frio esplendor dos artefatos,
Em seu régio vestíbulo de assombros,
Há uma guarda de anões estupefatos,
Com trombetas de ébano nos ombros.

E o silêncio por tudo! nem de um passo
Dão sinal os extensos corredores;
Só a lua, alta noite, um raio baço
Põe da morta no tálamo de flores.

SABOR DAS LÁGRIMAS

A bela grega Hermé, que vai cativa,
Não chora, não, – o olhar, porém, lhe vede:
Vereis que dele amor brota e deriva,
Amor que a prende na inefável rede.

Quando o deserto vem e a vista o mede
Tão grande! Hermé, que à voz dos mais se esquiva,
– "Dá-me tu de beber, que eu tenho sede" –
Diz ao que perto tem, que amor lhe aviva.

Filho da mesma terra, o prisioneiro,
Belo como ela, – em roda olha o caminho...
Água não vê, mas chora, e o derradeiro

Pranto dá-lhe a beber na mão tomado...
E ela ao sorvê-lo: "Inda é melhor que o vinho
Bebido em grego cíato dourado!"

A VOLTA DA GALERA

Quase em Corinto. As velas esquisitas,
Purpúreas velas de real trirreme,
Pandas ondulam; a água escura freme
E ouve-se a espaço a voz dos talamitas.

– Praias do iônio mar, sede benditas!
A torre vejo e a luz que vela e treme;
Frínia me espera e desolada geme,
Do alto encarando as águas infinitas.

Tal ao compasso de impelidos remos
Ouvia a noite a alguém que velejava,
A alma espraiando em lágrimas e extremos;

E perto as praias nítidas medindo,
Curvas, sem termo, a sombra meditava,
Do ombro a clâmide aos ventos sacudindo.

A UMA ARTISTA

Ouvindo o peito popular que estoura,
O bravo, o aplauso, o ruído, os murmurinhos
Do povo, e as palmas em redemoinhos
Saudando-te, mulher encantadora!

Parece-me que vejo, entre caminhos
Do mar, que a luz da velha Grécia doura,
Anfitrite de pé na concha loura,
Arrebatada por dragões marinhos;

Surgem tritões que aos monstros voadores
Tomam da rédea, um turbilhão de flores
Brota a espuma que bufa o sorvedouro;

Roda o carro nas águas, e a formosa
Deusa sorri, na pompa majestosa,
Impondo às ondas o seu cetro de ouro.

AS ESTRELAS

Comigo, a sós, o espaço contemplando,
Triste e de pé no mármore da escada,
Com o róseo dedo a luminosa enfiada
Dos astros, pela noite, ias contando.

– Vês, sobre o mar, as águas argentando,
Aquela estrela – pérola nevada?
E aquela?... e aquela?... E à tua voz amada
Novas estrelas vinham despontando.

E esta, do azul na transparente umbela,
Bem sobre nós a cintilar? E aquela?...
E aquela?... Olhando o límpido tesouro

Dos astros, reclinada no meu braço,
Cismavas... quando encheu no Oriente o espaço
A doce luz do plenilúnio de ouro.

AFRODITE

I

Móvel, festivo, trépido, arrolando,
À clara voz, talvez, da turba iriada
De sereias de cauda prateada,
Que vão com o vento os carmes concertando,

O mar, – turquesa enorme, iluminada,
Era, ao clamor das águas, murmurando,
Como um bosque pagão de deuses, quando
Rompeu no Oriente o pálio da alvorada.

As estrelas clarearam repentinas,
E logo as vagas são no verde plano
Tocadas de ouro e irradiações divinas;

O oceano estremece, abrem-se as brumas,
E ela aparece nua, à flor do oceano,
Coroada de um círculo de espumas.

II

Cabelo errante e louro, a pedraria
Do olhar faiscando, o mármore luzindo
Alvirróseo do peito, – nua e fria,
Ela é a filha do mar, que vem sorrindo.

Embalaram-na as vagas, retinindo,
Ressoantes de pérolas, – sorria
Ao vê-la o golfo, se ela adormecia
Das grutas de âmbar no recesso infindo.

Vede-a: veio do abismo! Em roda, em pêlo
Nas águas, cavalgando onda por onda
Todo o mar, surge um povo estranho e belo;

Vêm a saudá-la todos, revoando,
Golfinhos e tritões, em larga ronda,
Pelos retorsos búzios assoprando.

III

Clítia, quando tu vens e a mão nervosa,
Fino alabastro, as roupas te desata,
E nua surges e entras n'água, ansiosa,
Dando às vagas o colo que arrebata;

Não sei, mulher, que amor que abrasa e mata
É este, ao ver-te a forma primorosa,
Que em suas linhas nítidas retrata
Mármor polido de pagã formosa.

Mas quando o corpo escultural, perfeito,
Molhas na vaga e a coma te flutua
Como em doudo pulsar me estala o peito!

Tremo de zelos e o meu ser recua,
Vendo-te, e vendo o mar que vem desfeito
Lavar-te em beijos, Afrodite nua.

À LUZ DO OCASO

Que tarde aquela, flor! Abençoada entrevista
Essa em que te osculei a fronte imaculada;
Lembra-te ainda o quadro? – aquele sol e a crista
Da montanha fronteira, ao longe, esponteada...

Um céu nítido, azul, quase a perder de vista;
Eu ao teu lado, tu, à grade debruçada
Olhando-me ao voltar da página, enlevada
Lias um livro de Heine, o irônico humorista.

Sob informe Babel de grandes nuvens de ouro
Ocultara-se o sol. Como em soturno coro,
Subiam do jardim vozes, queixas, arpejos...

Voltaste o teu olhar então àquela banda:
Chorava o teu canário à sombra da varanda...
Oh! tarde! oh! monte! oh! sol! oh! derradeiros beijos!

SAUDADE DA ESTÁTUA

Morreste! mas, mulher, o que ora invade
Meu ser inteiro, súbito ferido,
É a saudade do ídolo partido,
Não a vulgar e pálida saudade;

É a saudade do mármore, a ansiedade
De quem contempla um torso, em mudo olvido,
Roto do tempo em fúria ao pulso erguido,
Da estátua em ruína a morta majestade.

Sim! pois inda ajoelhado, a rósea espuma
Beijando dos teus pés, bem que o sabias!
Nunca te amei como se amar costuma;

Nunca! e ainda agora o que me punge e traz
De estranho afeto lágrimas tardias,
É um reflexo de mármor, – nada mais.

EM CAMINHO

Vai pálida de susto na viagem,
O cavalo a reger, que salta e embrida
De quando em quando, a loura e bela Armida;
Sigo-a, segue-me após o lesto pajem.

Dens'umbroso sertão que a amar convida,
Ermo retiro, incógnita paragem,
Tudo, ao zunir do vento na ramagem,
Cortamos, galopando a toda brida.

Mais eis que um rio súbito aparece,
Da estrada em meio, undoso, derramado...
Susto a marcha ao cavalo, o pajem desce,

Treme a dama, eu, que avanço, encosto-a ao flanco,
Enquanto n'água o pajem salta ousado
E as rédeas toma ao seu cavalo branco.

CONTRASTE

Junto à pedra da estreita sepultura,
Onde o sono final agora goza
Seu anjo, a mãe, curvada, aflita e ansiosa,
As mãos torcendo, uma oração murmura.

E, estranha cena! maio em flor da escura
Mansão dos mortos faz mansão formosa,
E erra, alado e sutil, de rosa em rosa,
E, alado, em torno, aberto o sol fulgura.

O negro cemitério é todo encanto,
E aos derradeiros sonhos, aos amores
Derradeiros envolve em flóreo manto;

E a terra, a grande mãe, as fundas dores
De outra mãe desconhece e, vendo-a em pranto,
Em vez de em pranto abrir-se, abre-se em flores.

JUNTO AO MAR

Ela, formosa e tímida criança,
Receia o mar, se, vendo-me ao seu lado,
Sente-o quebrar-se movediço, irado,
Sente-o que ora recua e que ora avança.

– Se houvesse ao menos uma onda mansa!
Mas o vento atropela-as desatado;
E ela, com um ar de pássaro assustado,
Ela, enrolando no meu braço a trança:

Que medo! exclama, e toda se recosta.
Nisto, de encontro aos farelhões da costa,
Ruge, ribomba, anseia, estala o oceano...

Ah! parece-me um tigre! ela murmura,
Mas do mar aos meus olhos a figura
Faz-me lembrar o coração humano.

BEIJA-FLORES

Os beija-flores, em festa,
Com o sol, com a luz, com os rumores,
Saem da verde floresta,
Como um punhado de flores.

E, abrindo as asas formosas,
As asas aurifulgentes,
Feitas de opalas ardentes
Com coloridos de rosas,

Os beija-flores, em bando,
Boêmios enfeitiçados,
Vão como beijos voando
Por sobre os virentes prados;

Sobem às altas colinas,
Descem aos vales formosos,
E espraiam-se após ruidosos
Pela extensão das campinas.

Depois, sussurrando a flux
Dos cactos ensangüentados,
Bailam nos prismas da luz,
De solto pólen dourados.

Ah! como a orquídea estremece
Ao ver que um deles, mais vivo,
Até seu gérmen lascivo
Mergulha, interna-se, desce...

E não haver uma rosa
De tantas, uma açucena,
Uma violeta piedosa
Que quando a morte sem pena

Um destes seres fulmina,
Abra-se em férvido enleio,
Como a alma de uma menina,
Para guardá-lo no seio!

O RIO

Negro, pútrido, estanque o rio imenso dorme,
Da floresta no chão sumindo as águas, – onde,
Como combusto espectro, o anoso tronco informe
Mira ao queimor do sol a retorcida fronde.

Como um berro de dor que à assolação responde,
Ruge sedento o leão na calmaria enorme,
E a voz longínqua e rude a gruta e a brenha esconde,
E estanque, imoto e negro o rio imenso dorme.

Secas folhas que o vento acarretara, a espata,
O ramo, a flor sem vida, os despojos da mata
Juncam-lhe a face torva. Entanto o sol a prumo

Arde sempre, o calor, a irradiação funesta
Tudo combure, abrasa... E, estanque no seu rumo,
Dorme esquecido o rio através da floresta.

MANHÃ DE CAÇA

I

COMITIVA

Atrelada a matilha e pronto o pajem,
Galgamos os corcéis. Era já hora.
Destra conosco a pálida senhora
Ganhou de um salto a sela de viagem.

Nunca aos meus olhos foi mais bela a aurora,
Nunca o céu foi melhor, mais branda a aragem,
Do que indo ao lado dessa branca imagem,
A sós conosco pela estrada fora.

Seu roupão roçagante, seus cabelos...
Rompendo as sombras nosso olhar luzia,
Éramos todos vítimas de zelos...

E longe, ao dia em fogo, arfava o Oriente...
Mas a nós que importava a luz do dia,
Se a dama, a nossa luz, ia na frente!

II

SOBRE A MONTANHA

Quando às cimas da serra, precintada
De errantes faixas, de hibernais neblinas,
Cheguei, ouvindo as trompas argentinas
Buzinando à matilha alvoroçada;

Meu cavalo, que as sôfregas narinas
Dilata à luz da matinal jornada,
Longe avistando a estrela da alvorada,
Nitre, bufando e sacudindo as crinas.

E eu fito absorto o quadro do Levante:
Rompe-se a noite, o dia triunfante
Crava um raio dos montes na muralha;

E os touros mugem na campina fria,
E o vento, como o herói de uma batalha,
Rufa nos vales o tambor do dia.

III

NO VALE

Guapos, lestos, alegres caçadores,
Ao som de torsa trompa que esfuzia,
O eco ouvindo à matilha que latia,
Num vale entramos de ridentes flores.

Ali, junto à lascada penedia
Que o musgo enastra de sutis lavores,
Ora os troncos olhando, ora os verdores,
A todos prostra o sol do ardente dia.

Longe, entretanto, em solitária gruta,
Inda um ladrido rápido se escuta...
Mas na dama arde a sede da viagem;

E um da leda, festiva companhia,
Serve à senhora um pouco de água fria,
Dobrando a folha a um tinhorão selvagem.

IV

A VOLTA

Vamos de volta. Sôfregos, remate
Esperamos ao dia ardentemente;
Uns, que os corcéis têm prontos, vão na frente,
Outros, que os têm cansados do combate,

Seguem atrás. Um destes, que altamente
Ouve a um outro dizer que se precate,
Pronto vibrando rígido acicate,
Sangra as virilhas do cavalo ardente.

Pontes, barrancos, bronca penedia,
Valos profundos, pântanos lodosos
Vencemos em alada tropelia;

Eis chegamos, enfim! Vitoriosos
Os cavalos relincham de alegria...
E apeamo-nos todos venturosos.

VIAJANDO

Cedo, à hora em que ainda em flocos alvacentos
Erram no alto da serra as úmidas neblinas,
Cortamos a galope a extensão das campinas,
Sentindo contra o rosto a asa fria dos ventos.

Nunca, desde que eu soube um árdego cavalo
Embridar e, vibrando a retininte espora,
Sangrá-lo na virilha e pronto arremessá-lo,
Açodado e brutal, por uma estrada fora,

Nunca mais bela vi romper a madrugada!
Que esplendor! que sutil frocadura de chama
De áureo agitado véu flutuante se derrama
Do painel oriental na tela iluminada!

Companheira gentil da matutina viagem,
O rosto do chapéu na escumilha velado,
Ela, de quando em vez chicoteando a ramagem
Que à geada pendera, a galope, ao meu lado,

Deixando ondear ao vento, em frouxo desalinho
O roupão, sob o véu docemente me olhava...
E mais alta no espaço a estrela desmaiava,
E mais verde era o campo e múrmuro o caminho.

Inda agora, ao lembrar a luz daquele dia,
Como que torno a ouvir esses mesmos rumores,
Cantos do despertar, orfeônica harmonia,
Asas que fremem no ar e sussurro de flores...

Contorneando da serra as úmidas vertentes,
Onde há uma igreja antiga, abandonada agora
Num alto, – em claro aberto entre as ramas, a aurora
Vemos em toda a luz. Os cavalos ardentes

Voam, fortes ainda, e as tábuas engalando
Do pescoço, entram n'água. E enquanto agora ansiosos
Eles, a rédea lassa, a cabeça alongando,
Bebem do largo rio entre os valões umbrosos:

Eu a espora e a polaina afivelo; indolente,
Da sela sobre o assento ela concerta o véu...
E no escuro do rio um pedaço de céu
Fulge, abrindo um clarão na trêmula corrente.

SONETOS E POEMAS
(1885)

A GALERA DE CLEÓPATRA

Rio abaixo lá vai, de proa ao sol do Egito,
A galera real. Cinqüenta remos lestos
Impelem-na. O verão faz rutilar, aos estos
Da luz, de um céu de cobre o horizonte infinito.

Pesa, abafado e quente, o ar circunstante. Uns restos
De templo ora se vêem, lembrando extinto rito;
E inda um pilão erguido, e a esfinge de granito,
De empoeirado cariz e taciturnos gestos.

De quando em quando à flor do Nilo se destaca,
D'água morna emergindo, a escama de um facaca;
O íbis branco revoa entre os juncais. Entanto,

Numa sorte de *naos*, Cleópatra procura
Su'alma distrair, prestando ouvido ao canto
Que a escrava Charmion tristemente murmura.

VASO GREGO

Esta de áureos relevos, trabalhada
De divas mãos, brilhante copa, um dia,
Já de aos deuses servir como cansada,
Vinda do Olimpo, a um novo deus servia.

Era o poeta de Teos que a suspendia
Então, e, ora repleta ora esvazada,
A taça amiga aos dedos seus tinia,
Toda de roxas pétalas colmada.

Depois... Mas o lavor da taça admira,
Toca-a, e do ouvido aproximando-a, às bordas
Finas hás de lhe ouvir, canora e doce,

Ignota voz, qual se da antiga lira
Fosse a encantada música das cordas,
Qual se essa voz de Anacreonte fosse.

VASO CHINÊS

Estranho mimo aquele vaso! Vi-o,
Casualmente, uma vez, de um perfumado
Contador sobre o mármor luzidio,
Entre um leque e o começo de um bordado.

Fino artista chinês, enamorado,
Nele pusera o coração doentio
Em rubras flores de um sutil lavrado,
Na tinta ardente, de um calor sombrio.

Mas, talvez por contraste à desventura,
Quem o sabe?... de um velho mandarim
Também lá estava a singular figura;

Que arte em pintá-la! a gente acaso vendo-a
Sentia um não sei quê com aquele chim
De olhos cortados à feição de amêndoa.

SÍRINX

I

Pã não era por certo deus tão lindo
Que merecesse ninfa como aquela;
Fez mal em persegui-la, e bem fez ela
Pedir a um colmo encantamento infindo.

Só de vê-lo as oréades, sorrindo,
– E destas uma só não foi tão bela
Como Sírinx, – armadas de cautela,
Pronto aos mirtais botavam-se, fugindo.

E, pois, por tal cornípede devia
Gastar as áscuas de amoroso incêndio?
Não! – E a influxo das náiades, um dia,

Perseguida do deus, o movediço
Ládon procura, estende o corpo, estende-o...
E ei-la mudada em trêmulo caniço.

II

Imagine-se como o deus ficara
Quando, crendo estreitar a ninfa esperta
Que lhe fugia, apenas uma vara
Delgada e frágil contra o peito aperta.

Vendo-o cego no engano que lhe armara
Amor, da oposta margem descoberta
Um risinho de escárnio, que o desperta,
Tiniu do rio na corrente clara.

Então, da planta virginal, no assomo
Da raiva, a hástea alongada o deus vergando,
Parte-a em várias porções, de gomo em gomo.

Tais partes junta; e em música linguagem,
Dos pastores com as vozes concertando,
Põe-se a soprar no cálamo selvagem.

III

Da agreste cana à módula toada,
Da Arcádia pelos íngremes outeiros
Vinham descendo, em lépida manada,
Lestos, brincões, os sátiros ligeiros.

E a flébil voz da flauta, soluçada
De ternuras, soava entre os olmeiros;
Já nas grutas as náiades em cada
Sopro lhe ouvem os ecos derradeiros.

Hamadríades louras palpitando
'Stão no líber das árvores; donosas
Napéias saltam do olivedo, em bando.

E presa à flauta a ninfa que a origina,
Sírinx pura, as notas suspirosas
Derrama d'alma, à vibração divina.

LENDO OS ANTIGOS

Vamos reler Teócrito, senhora,
Ou, se lhe apraz, de Teos o citaredo;
Olhe a verdura aqui deste arvoredo
À beira d'água... E o sol que desce agora.

Lécio, o pastor, nesta colina mora,
Onde as cabras ordenha. Este silvedo
Guarda de Umbrano à flauta a voz canora,
Como este arbusto a Títiro o segredo.

Esta água... Olhe, porém, como é tão pura
Esta água! O chão de nítidas areias,
Plano, igualado, límpido fulgura;

E tão claro é o cristal que, abrindo o louro
Cabelo, em grupo trêmulas sereias
Se vêem lá embaixo neste fundo de ouro.

ENFIM!

Enfim... Nas verdes pêndulas ramadas
Cantai, pássaros! vinde ouvi-lo! rosas,
Abri-vos! lírios, recendei! medrosas
Miosótis e acácias perfumadas,

Prestai-me ouvido! Saibam-no as cheirosas
Balças e as leiras úmidas plantadas;
Aves e flores, flores e alvoradas,
Alvoradas e estrelas luminosas

Saibam-no, saiba o céu com a esfera toda
Que, enfim, sua mão, enfim, sua mão de leve...
Borboletas, que pressa! andais-me em roda!

Auras, silêncio! Enfim, sua mãozinha,
Sua mão de jaspe, sua mão de neve,
Sua alva mão pude apertar na minha!

ÚLTIMA DEUSA

Foram-se os deuses, foram-se, em verdade;
Mas das deusas alguma existe, alguma
Que tem teu ar, a tua majestade,
Teu porte e aspecto, que és tu mesma, em suma.

Ao ver-te com esse andar de divindade,
Como cercada de invisível bruma,
A gente à crença antiga se acostuma,
E do Olimpo se lembra com saudade.

De lá trouxeste o olhar sereno e garço,
O alvo colo onde, em quedas de ouro tinto,
Rútilo rola o teu cabelo esparso...

Pisas alheia terra... Essa tristeza
Que possuis é de estátua que ora extinto
Sente o culto da forma e da beleza.

ÚNICA

Estás a ler meu livro, e é bem que exprimas
Certo pesar. Nem uma vez, nem uma
O teu nome estas páginas perfuma!
E outros há aí por títulos e rimas.

"Quem são essas que vêm de estranhos climas,
De idades mortas, da salgada espuma
Do mar, da Grécia, de teu sonho, em suma,
Que mais que a mim tens celebrado e estimas?"

Dirás. E o livro, se meu ser traslada,
Se o fiz de modo tal que me traduza,
Contas dará de quanto em si contém;

Saberá responder que és sempre amada,
Que nele estás, pois foste a sua musa,
E essas mulheres só de ti provêm.

A ÁRVORE

I

Entre verdes festões e entrelaçadas fitas
De mil vários cipós de espiras infinitas,
Mil orquídeas em flor, mil flores, – sobranceira,
Forte, ereta, na altura a basta fronde abrindo,
C'roada do ouro do sol, aos ventos sacudindo
A gloriosa cimeira;

A árvore, abrigo e pouso à águia real, sorria.
Dez léguas em redor o bosque inteiro via,
E os campos longe, e o vale e os montes longe, tudo:
Nuvens cortando o ar, e pássaros cortando
As nuvens, e alto o sol, na alta esfera radiando,
Como fulgente escudo.

Ampliondeante a rainha o manto seu na altura
Abria. Coube ao tempo a rígida armadura
Vestir-lhe. A intacta fronte, era um cocar guerreiro
Que a cingia, e o tufão que o diga se era forte,
Quando o intentou dobrar; que o diga o irado norte
Com o seu tropel inteiro.

Passaram sem feri-la, esbravejando às soltas,
Ventos e temporais; e das nuvens revoltas
Alumiou-a, à luz do raio, a tempestade;
Mas, chegando a manhã, lá estava, altiva e bela,
Incólume, a cantar, zombando da procela,
    A ária da liberdade.

Vinham então grasnar em seu negro fastígio
Os bravos corvos do alto e ouviam-se em remígio
Grandes águias a luz cruzando, tenebrosas;
Enquanto, de eco em eco, um berro imenso atroava
A selva, e o touro a ouvi-lo, híspido o pêlo, arruava
    Nas planícies umbrosas.

E que ubérrimo seio a toda vida aberto
Era o seu! Quanto amor à sombra do deserto,
Quanto! quando, o raizame ao solo preso, as cimas
Dava esta árvore à luz, e o orvalho brando, ao vento,
Via-se o gotejar, de momento em momento,
    Das ramagens opimas!

Giganta e mãe, alteando os ombros, quanta vida
No ar não fez florescer dos flancos seus nascida!
Quando a verçuda copa às virações estranhas
Entregava, aspirando o puro ambiente, a quanto
Ser não nutriu, fecunda, agarrado ao seu manto
    Ou às suas entranhas!

Ia-lhe caule acima, em longos cirros, toda
A hera da floresta, os vegetais em roda
Deixando, a ver mais alto o céu, mais livre agora;
E o líquen verde, o musgo, o feto, as capilárias,
As ginândrias gentis, epífitas, e as várias
　　　Bromélias cor da aurora.

De seus braços em volta – enroscadas serpentes,
Leves, a suspender as maranhas virentes,
As baunilhas em flor alastravam; abriam
Os ciclantos, e ao lado, acompanhando os liames
Das bignônias, ao sol, em trêmulos enxames,
　　　As abelhas zumbiam.

Filiforme, oscilando, ao píncaro suspensa,
A trama dos cipós se desatava imensa;
Em seu colo, não raro, a cobra a fulva escama,
Com os estos do verão, fez esmaiar, – enquanto
Tardo pássaro estivo, em suspiroso canto,
　　　Voava de rama em rama.

Não raro, em bando inquieto, as variegadas plumas
Viram aves, talvez, ali crescer. E algumas,
Talvez, entre a expansão tricótoma e sadia
Destes ramos, à sombra, o ninho penduraram,
E, primeiras da selva, as asas levantaram
　　　Para saudar o dia.

Mais que abrigo de paz, um seio de piedade
Foi est'árvore. Ao vento, à chuva, à tempestade
Fugindo, brenha a brenha, e de terror transido,
Não raro o tigre um pouso aqui teve seguro,
Enquanto atroava o raio o firmamento escuro,
    O espaço anoitecido.

Não raro o val soturno a corça e o leão transpondo,
Quando o incêndio estouraz ao longe em rouco estrondo,
De raiva inflado, a um sopro aliava as fúrias, vieram;
E, afuzilando o olhar, o pêlo hirsuto, à míngua
D'água, o orvalho estival caído aqui, com a língua
    Nestas folhas beberam.

Não raro! E quanta vez de extinta raça, à aragem
Matinal, não se ouviu do rito a voz selvagem
Saudando o sol aqui, sob esta arcada! E, à lua,
À noite, quanta vez, na aura vernal trazido,
Não se veio perder de estranha dança o ruído
    Nesta folhagem nua!

E era grande! e era bela est'árvore assombrosa!
Tudo a amava, e ela, altiva, ela, entre a luz, gloriosa,
Lançava aos céus robusta a sua fronte, em festa;
E um longo canto ecoava aos pés da soberana...
Mas... Como a palpitar do cacto agreste à liana,
    Não tremeu a floresta!

II

... Entrara a selva um dia um homem. Sopesava
Tersa afiada segure. Em torno a vista crava,
A árvore vê. Levanta o truculento olhar.
Toma-lhe a altura enorme aos ramos, a espessura
Ao tronco. E o ferro, audaz, de sólida armadura,
Faz sinistro vibrar.

Mas nem sequer um ramo estremeceu. Violento
De novo no ar volteia o tétrico instrumento,
E soa o golpe. Ainda um ramo nem sequer
Estremeceu. Resiste a casca espessa, o escudo
Da corcha. P'ra fendê-la, ao braço heróico e rudo
Mais esforço é mister.

Pois novo esforço. Gira a arma assassina ao pulso
E lá vai, lá bateu, que é força entrar. Convulso
O homem de novo às mãos sacode-a. Inda outra vez
Sacode-a. O aço lampeja, e do cortante gume
A fúria estona o tronco. E há, talvez, um queixume
No madeiro, talvez...

Mais outro esforço. No ar, como mandrão guerreiro,
Zune o ferro, e feriu precípite, certeiro:
A casca espicaçou-se em lâminas sutis...
Correu longo tremor o caule informe, erguido,
E, subterrâneo, ouviu-se o eco de um gemido
Na alastrada raiz.

Outro golpe, outro abalo. Em finas lascas voa
Picada a casca, e da arma ao rudo embate ecoa
A solidão. Pergunta espavorida a flor
À ave: – Que voz é esta? – E o tigre, a furna entrando:
– De onde parte este grito? E os rufos leões, parando:
    – Quem faz este rumor?

E é da ruína estupenda o lúgubre alarido
De montanha em montanha e bosque em bosque ouvido.
Tudo, da grimpa excelsa ou da planura, o val
E o rio, o cedro e a rocha, o enho e a palmeira, pondo
O olhar nos céus, escuta aquele excídio hediondo
    E crime sem igual!

A grande árvore cai! A ramaria forte
Treme em cima, dançando uma dança de morte.
Rompeu-lhe o alburno agora e vai-lhe ao coração
O atro golpe. Uma a uma as fibras rangem; fala,
Ringe, arqueja o madeiro, e pouco a pouco estala,
    À mortal vibração.

A grande árvore cai! Já se lhe inclina e verga
A fronte, e aos pés, a gruta, – o seu sepulcro, enxerga!
Astros, sol, amplidão, esferas de ouro, céus,
Nuvens, sopros do mar, e pássaros da aurora:
A grande árvore cai! mandai-lhe em pranto agora
    O vosso último adeus!

A grande árvore cai! Como entre o firmamento
E o mar alto, a viajar, um grande mastro ao vento
Oscila: oscila assim seu corpo imenso no ar.
Elos, cirros, cipós, que o segurais, deixai-o!
Rompeu-se-lhe a medula, e já rechina o raio...
    Não o ouvis estalar?!

A grande árvore cai! Com os ramos seus robustos
Ide envoltos na queda, ó vós que a amais, arbustos;
Segui-a ao sono extremo, ó corvos, vós que a amais!
Ouvi! cede-lhe o cerne ao ferro que o retalha...
Cosei-lhe em flor e em luz esplêndida mortalha,
    Florestas tropicais!

E caiu! rudemente e com ela rodaram
Ruindo os cedros na gruta, e os montes estrondearam...
Rasgou-se ao bosque o teto, a túnica se abriu;
E a ave, e o réptil, e o inseto, e o próprio homem, transido
De horror, tudo fugiu de pronto, espavorido,
    Quando a árvore caiu!

E da ruína estupenda o lúgubre alarido
Foi de ermo em ermo e foi de bosque em bosque ouvido;
Tudo, da grimpa excelsa ou da planura, o val
E o rio, o cedro e a rocha, o enho e a palmeira, pondo
O olhar nos céus, tremeu àquele excídio hediondo
    E crime sem igual!

A LAGARTA

I

Ser lagarta, em verdade,
É uma cousa bem triste!
O asco provoca, enoja... Ah! só por crueldade,
Ou brinco, ou raiva ultriz de alguma divindade
  Este animal existe.

Zeus, que no Olimpo excele,
  Toma de touro, um dia,
A forma, e arrasta Europa, e a longe praia a impele:
Mas fosse Europa flor, e da lagarta a pele
  Zeus acaso enfiaria?

Não! de escrúpulos presa,
  Ao vê-lo assim, fugira
Ao seu lesmoso lábio a agenória princesa;
E, alvo lírio real, a estremecer, surpresa,
  Toda se retraíra.

E quem há que se agrade
  De um ente assim? resiste
Quem ao vê-lo? e se o viu, quem é que tem piedade
De animal tão ruim? Ser lagarta, em verdade,
  É uma cousa bem triste.

II

De uma eu sei, entretanto,
Que cheguei a estimar
Por ser tão desgraçada!
Tive-a hospedada a um canto
Do pequeno jardim;
Era toda riscada
De um traço cor de mar
E um traço carmesim.

III

Dava-lhe a custo a sombra escassa e pequenina
De galhinho sem vida um pé de casuarina.
Batia-lhe de chapa o sol no dorso, forte,
Vergastava-a de rijo o vendaval do norte;
Subia acima o ramo, abaixo vinha, à vasca
Do vento. E o pobre ser, seguro sempre à casca,
Lesmava-a toda. Enfim, mais forte a aragem brinca
À noite, assopra, zune, e o débil galho estrinca,
Estala, e dentre os mais, andando à roda, o aparta.

Veio com ele ao chão a mísera lagarta.

IV

E afirmo-o, podeis crê-lo, eu vi-o! em toda aquela
Selvazinha gentil de arbustos pequeninos,
Onde a abelha sussurra e o grilo tagarela,
E azoinam da cigarra os tiples argentinos;

Não houve um seio só de acanto ou margarida
Que se quisesse abrir piedoso ao sonolento
Animal, que à procura entre eles foi de vida,
E entre eles foi cair, impelido do vento.

Torceu-se então na sombra ao ser abjeto a imunda
Boca, e enquanto ao redor é tudo em paz dormido
E um penetrante aroma a noite incensa e inunda,
Estas vozes lhe ouvi, à feição de um gemido:

V

"Cansei-me, em vão, pedindo! Às rosas do ostro embalde
Falei e aos girassóis de grande c'roa jalde:
Deixaram-me de ouvir girassóis e rosais.
Beijei suplicemente os pés dos vegetais;
Ninguém me quis, ninguém! Passei, como mendiga,
Implorando a chorar um pouso e estância amiga...
Tudo em vão, porque a tudo inspiro nojo e horror!
Treme a folha ao sentir-me e treme ao ver-me a flor.
E aqui estou, fria, exausta, exposta ao vento enorme,
Sozinha, sem dormir, e vendo o céu que dorme!
Noite, oh! sê testemunha, eterno e mudo espião,
De minha dor sem nome e desta ingratidão."

VI

Disse e pensou na morte. E com o mortal excídio
Pensou tudo acabar... E pensou no suicídio.
Ia-se a pouco e pouco adelgaçando o véu
Da noite. A estrela d'alva iluminava o céu.

Fez o túmulo em vida e sepultou-se nele.
Ides ver que a magoava a sua própria pele.

VII

Claro assomava o sol no céu do Oriente. À grande
Natureza, que em tudo a sua força expande,
Doeu-lhe que, sendo abril na terra alegre e farta,
Jazesse ali dormindo a mísera lagarta;
E, então, porque, talvez, entre emplumado bando,
Visse uma borboleta isolada pairando,
Toma o leve casulo, arranca à morte a vida;
Sopra a negra matéria informe, envilecida,
Anima-a! Uma asa faz de cintilante gaza,
Úmida, pérvia à luz, e faz depois outra asa,
Corta-as, justa-as, sorrindo, e nelas pondo a vista,
Como em rapto genial trabalha a mão do artista,
Rabisca-lhes por cima um desenho chinês...
A crisálida, então, abriu-se desta vez,
E da lagarta que era eis surge a borboleta.

Pasmada, olhou em torno; e, assim como uma seta,
Rompeu livre o azul...

VIII

           O azul rompeu do espaço.
Pôs-se a voar, a voar, sem trégua, sem cansaço,
Té que descendo os pés, que eram dois áureos fios
De aranha, em frente a um lago, entre ramos sombrios
Pousou. Reviu-se n'água. A alegria nas asas
Cintilava-lhe assim como os rubins em brasas
Numa coroa. A luz cantava em torno, ao vê-la
No lago a se mirar como uma linda estrela.
Do pólen seu na cor, que embalde o Ticiano
Sonhara, o ádito escuro, o impenetrado arcano
'Stava da tinta ideal que, em sol delida, a imensa
'Sfera tinge de azul, das mãos de Deus suspensa.
Os perfumes que então das urnas de ouro, em vago
Bando, a aurora deixara esparsos sobre o lago,
Vieram, marchando no ar, invisíveis, saudá-la.
Já se ouvia no bosque aos pássaros a fala,
A manhã na amplidão voava, desenrolando
O seu cesto de fogo.
                 E ela, as asas vibrando,
Voou também na amplidão.

IX

O meu jardim agora.
Podeis florir, cecéns e cravos cor da aurora!
Fugiu com a noite, foi com a noite e o vento aquele
Íncubo hediondo e vil de ascosa e imunda pele.
Cravos da cor do sol, cecéns, flori, radiosas!
Enxambre a luz do Oriente a túnica das rosas.
Sus, camélias! Mas eis, trêfega, alvoroçada,
A nossa borboleta. Inquieta e desejada,
Vai por tudo vibrando as suas asas loucas;
E foi lagarta! e andou cuspida de mil bocas!
E foi monstro! e rojou de ventre como as feras!
E irritava o gramado, e nauseava as heras!
Ei-la, que garbo agora! Ei-la, a ostentar as cores
Das asas com que passa entre as rociadas flores.
Tudo a festeja e quer e é um longo anseio mudo.
E, vede-a, a vingativa! um beijo cede a tudo!

Mas quem pode exclamar, ao vê-la assim tão bela:
– Ela é minha! se este ar, se todo o espaço é dela!
Ama, voa, revoa, agora beija, agora
Foge, volta de novo, e beija, e vai-se embora.
E é em vão que a roseira esparze o fino aroma,
Em vão a flor do sol aos raios de ouro agoma,
A açucena na alvura em vão su'alma ostenta,
Em vão para atraí-la o cravo se ensangüenta,
A papoula flameja. Ela é a Mimi leviana:
Ama, e treme, e delira, e voa, e foge, e engana.
Sabei, lírios, sabei, dálias, sabei, vós, quantas

A amais, sabei, jasmins, sabei, cheirosas plantas,
– Miosótis cor do céu, pasmai com o caso incrível!
Sabei todas que vós combateis o impossível,
Querendo possuí-la! Ó macias alfombras!
Ó tufos de verdura! ó verdura das sombras!
Ó camélias sem cor! ó lírios cor de opalas!
Ó cristais das manhãs! manhãs de eternas galas!
Ninhos! sons! harmonia! e sol! e firmamento!
Ela não será vossa! em vão é o vosso intento!
Pois um único amor, uma paixão estranha
Domina-a:
        a trama de ouro e o fulvo olhar da aranha.

VERSOS E RIMAS
(1895)

NOVA DIANA

Laura, uma vez, do claro banho a linfa
Deixando – espelho da beleza sua,
Como as ninfas pagãs, soberba ninfa,
Entrou no bosque inteiramente nua.

Lera que assim, num tempo já distante,
Erravam pelo mato as deusas belas,
E desse dia na manhã brilhante
Quis – nua – ter alguma cousa delas.

E havia em tudo naquela hora, em tudo,
N'água, na sombra, na folhagem fria,
Na flor, nas plantas, no rochedo mudo
Uns como visos de mitologia.

E plantas, água, flor, verde folhagem,
Vendo-a surgir, como se ao tempo fora
Em que de Diana lhes sorria a imagem,
Julgaram-na a formosa caçadora.

O mesmo porte! o mesmo gesto lindo!
A mesma cabeleira ondeante a flava!
À mão, somente, curvo e ao sol luzindo,
O arco de tensa corda lhe faltava.

– É ela mesma! um sussurro se derrama –
O arco que importa! vamos festejá-la! –
E corre a espiá-la o pássaro da rama,
E a água de pés de prata corre a espiá-la.

Alvoroça-se o bosque, e em burburinho
Contínuo e vário ramalhando soa,
E em cada moita garganteia um ninho,
De cada ninho sai um'asa e voa.

E tudo canta! acordam de repente
Todas as cousas que em repouso estavam,
E cantam! cantam, como antigamente,
Nos bons tempos da Hélade, cantavam.

E ela, esplendendo em toda a formosura,
Nua lá vai!... Lasciva e meiga, a espaços,
A liana em flor estreita-lhe a cintura,
Cinge-lhe as formas num milhão de abraços.

E de súbito o sol por uma aberta
Surge, e espalha dos raios o tesouro;
E ela aparece ao sol toda coberta,
Toda coberta de seus raios de ouro.

Ilumina-se o quadro. Como um bando
De servas, a seus pés as sombras descem,
Depois se vão aos poucos afastando,
E de rastos no chão desaparecem.

E ora em pleno esplendor, que mais semelha
Pérvia túnica, lúbrico arrepio
Corre-lhe as carnes, como uma centelha,
Como o trêmito lúbrico de um rio.

As aves, que dois frutos supuseram
Serem-lhe as pomas, de uma tez mimosa,
As pomas virginais picar-lhe vieram
Com o róseo bico os bicos cor-de-rosa.

E ouviu-se ao bosque, e decorá-la aprouve
A mim, que a alma das cousas sondo atento,
Esta canção, que ainda hoje acaso se ouve
No sussurro das árvores ao vento:

– "Glória à eterna beleza! ei-la que volta
Com o mesmo viço, a mesma mocidade!
Traz inda ao ombro a cabeleira solta,
   Como a vi noutra idade.

Sua doce presença a tudo anima,
Levanta os velhos, mágicos ardores
Verte-lhes n'alma, e o azul se cobre, em cima,
   De astros, e o chão de flores.

Circule a seiva como uma corrente
Em meus troncos, meus rios se avolumem
E caudalosos rujam novamente,
   E novamente espumem;

Surdam, cresçam, levantem-se em meu seio
Monstros e vegetais; meus largos ombros
Rinjam, dos vendavais que vão sem freio
    Lutando com os assombros!

Subam ao sol meus cedros! entrem brutos
Os meus pés pela terra, e esta cabeça,
Curva inda há pouco, toda flor e frutos,
    Aos astros apareça!

Glória à eterna beleza! ei-la que volta,
E vem com ela a extinta mocidade!
Traz inda ao ombro a cabeleira solta
    Como a vi noutra idade!"

ASPIRAÇÃO

Ser palmeira! existir num píncaro azulado,
Vendo as nuvens mais perto e as estrelas em bando;
Dar ao sopro do mar o seio perfumado,
Ora os leques abrindo, ora os leques fechando;

Só de meu cimo, só de meu trono, os rumores
Do dia ouvir, nascendo o primeiro arrebol,
E no azul dialogar com o espírito das flores,
Que invisível ascende e vai falar ao sol;

Sentir romper do vale e a meus pés, rumorosa,
Dilatar-se e cantar a alma sonora e quente
Das árvores, que em flor abre a manhã cheirosa,
Dos rios, onde luz todo o esplendor do Oriente;

E juntando a essa voz o glorioso murmúrio
De minha fronde e abrindo ao largo espaço os véus,
Ir com ela através do horizonte purpúreo
 E penetrar nos céus;

Ser palmeira, depois de homem ter sido! est'alma
Que vibra em mim, sentir que novamente vibra,
E eu a espalmo a tremer nas folhas, palma a palma,
E a distendo, a subir num caule, fibra a fibra;

E à noite, enquanto o luar sobre os meus leques treme,
E estranho sentimento, ou pena ou mágoa ou dó,
Tudo tem e, na sombra, ora ou soluça ou geme,
E, como um pavilhão, velo lá em cima eu só;

Que bom dizer então bem alto ao firmamento
O que outrora jamais – homem – dizer não pude,
Da menor sensação ao máximo tormento
Quanto passa através minha existência rude!

E, esfolhando-me ao vento, indômita e selvagem,
Quando aos arrancos vem bufando o temporal,
– Poeta – bramir então à noturna bafagem
       Meu canto triunfal!

E isto que aqui não digo então dizer: – que te amo,
Mãe natureza! mas de modo tal que o entendas,
Como entendes a voz do pássaro no ramo
E o eco que têm no oceano as borrascas tremendas;

E pedir que, ou no sol, a cuja luz referves,
Ou no verme do chão ou na flor que sorri,
Mais tarde, em qualquer tempo, a minh'alma conserves,
Para que eternamente eu me lembre de ti!
....

A CAMISA DE OLGA

Deixa cuidosa mão que a ensaboara
De Olga a camisa ao sol, rendada e clara,
Clara de modo tal que o vento em breve
De longe a vê, de longe corre e, ansioso,
A beijá-la se atreve.

Dá-me teu cheiro, linho delicioso!
– Diz, e dizendo fortemente a aspira,
 Deixa envolver-me inteiro
Na cava do decote, onde – que cheiro!
Bate seu peito e virginal suspira.

Mas a camisa: larga-me! lhe fala,
Retrai-se toda e a alma gemente exala:
– Só, qual me vejo, dela assim vazia,
O ímpeto brutal sofro a este vento;
Se ela estivesse aqui neste momento
E eu a vestisse, ele que não faria!

Coube-me a vez de reparar o quanto
Lúbrica a natureza a tudo empresta
Esta força fatal que pode tanto
E por beijos brutais se manifesta:

Coube-me a vez de vir notar, e triste,
Que aquela mesma falta de respeito
Que é nos homens um péssimo defeito,
Também no vento muita vez existe...

ENTRADA DE UM LIVRO

Fala a Poesia aqui: – Quando cruel desgosto
Vos haja de turbar a placidez do rosto,
Lede-me e esquecereis todo o pesar que houverdes;
Como diante do sol rasgam-se os campos verdes
Em mil flores, em mil canções, e, ao contemplá-los,
Quem acorda, esqueceu de súbito os abalos
De noite mal dormida: aqui se estrece e apaga
Das tristezas da vida a atra, a contínua vaga.
Aqui de puro amor brilha o sereno lume.
Da alma que em flor palpita a poesia é o perfume.
Aspirai-o! E a existência, em luz mais bela acesa,
Há de alongar-se e entrar por toda a natureza.
E como ave que o pó das asas sacudindo,
Tonta de luz, lá vai flechando o espaço infindo,
A vossa alma, a cantar, angústias e pesares
Esquecendo, há de entrar pelos serenos ares,
Serena, onde, à feição de rútilas capelas,
Arde o festão de fogo eterno das estrelas.

A TAÇA DE HAFIZ

Na áurea taça em que bebia
Hafiz, o poeta do Irão,
Viu que do vinho se erguia
Certa vez uma visão.

Muitas sonhara, nenhuma,
Porém, assim, tão formosa;
Veste alvas roupas de espuma
E alteia-se vaporosa.

Como aos reflexos de um mundo
Vago, de um sonho através,
Pousa da taça no fundo
A ponta esguia dos pés.

Do ardente vinho no afogo,
Sentindo-lhe inda os ressábios,
Hafiz, com os lábios em fogo,
Toca-lhe o fogo dos lábios,

E bebe. E, à visão atento,
Ouve ele, entretanto, ali:
– "Eu chamo-me esquecimento.
E em tua taça nasci.

Sou eu que às almas aflitas,
Da dor no cárcer medonho,
Aceno com as infinitas
Regiões aéreas do sonho.

A vida é um bocejo eterno,
Quem a compreende sou eu;
Às paredes deste inferno
Rasgo uma porta pra o céu.

Vem! a espiral de vapores
Que a mim me enlaça, te enlaça;
Sobe! cingida de flores
A fronte e em punho essa taça!

A embriaguez é remédio
Aos que alma enfarada têm
Dos baços dias de tédio.
Hafiz, inda um beijo. Vem!"

E à mão Hafiz, como louco,
A taça de novo erguia...
Mas – dura o vinho tão pouco!
A taça estava vazia.

A VINGANÇA DA PORTA

Era um hábito antigo que ele tinha:
Entrar, dando com a porta nos batentes.
– Que te fez essa porta? a mulher vinha
E interrogava. Ele, cerrando os dentes:

Nada! traze o jantar. – Mas à noitinha
Calmava-se; feliz, os inocentes
Olhos revê da filha e a cabecinha
Lhe afaga, a rir, com as rudes mãos trementes.

Uma vez, ao tornar a casa, quando
Erguia a aldraba, o coração lhe fala:
Entra mais devagar... – Pára, hesitando...

Nisso nos gonzos range a velha porta,
Ri-se, escancara-se. E ele vê na sala
A mulher como douda e a filha morta.

O SONHO DE BERTA

I

Soltando o cabelo de ouro
Ao deitar-se, ondeante e farto,
Viu Berta lhe entrar no quarto
    Um besouro.

– Já agora, exclamara ela,
Não me levanto, é capricho,
Para mostrar a este bicho
    A janela;

Nem da toalha um açoite
Farei contra este besouro;
E sem mais, senhor agouro,
    Boa noite!

Despiu-se. Cândida e lisa,
Quente inda de sua pele,
Tirou mesmo diante dele
    A camisa.

Deitou-se. É um mimo de Berta
O corpo, que a vista inflama,
Assim como está na cama,
    Descoberta.

Cerra os olhos. Entretanto,
O besouro, tonto, inquieto,
Zumbe da alcova no teto.
      Zumbe a um canto,

Ao pé do espelho inclinado
Zumbe, zumbe na parede,
E de Berta agora, vede,
      Zumbe ao lado.

Ai dela! rente ao cabelo
Sente-lhe as asas... que inferno!
Quem a livra desse eterno
      Pesadelo!

Ai dela! – Noite sombria,
As tardas horas apressa!
A luz da aurora apareça!
      Venha o dia!

Sobre o leito em que deitada
Está, volta-se ofegante
Berta insone, a cada instante,
      De assustada.

Pobre Berta! enfim, sucumbe,
Desmaia... Entretanto, às voltas,
O besouro de asas soltas
      Zumbe, zumbe...

II

O que Berta no seu sonho
Viu, ainda hoje, se o refere,
Negro horror à alma sugere,
    De medonho.

Viu nos braços, feio e rudo,
Tomá-la, a que em vão se escapa,
Um vulto, de negra capa
    De veludo.

E ao passo que a prende e a aperta
Contra o peito, lhe ouve: – Agora
Eis-te, enfim, com quem te adora,
    Minha Berta!

E colar-lhe ao seio, abjetos,
Viu-lhe os bigodes compridos,
Muito duros, parecidos
    Com uns espetos.

Ao pé deles, que afastava
Com as mãos ambas, como louca,
Um buraco feito boca
    Resmungava.

Quis gritar, quis pela santa
Chamar a quem sempre reza;
Mas a voz ficou-lhe presa
    Na garganta;

Quis fugir... Um movimento
Ao lasso corpo cativo
Imprimiu, rápido, vivo,
    Num momento...

Acordou. Clara e modesta,
Brilhava na alcova linda
Uma réstia de luz vinda
    De uma fresta.

E erguendo-se, em vago anseio,
Achou Berta, espavorida,
Um besouro, já sem vida,
    Junto ao seio.

PAGANISMO

Lembro-me ainda: o bosque era tão verde, a areia
Tão fina, e em torno a voz das árvores. Ninguém.
Ninguém. E enquanto ao pé cantava uma sereia
N'água, n'água ambos nós cantávamos também.

Nus, descalços, com os pés da linfa sobre a veia,
Todo o rio, que o céu no vítreo olhar retém,
Corríamos, à luz de que se veste e arreia
O bosque, e a mais o amor levava-nos além.

E a água nos festejava os corpos e dizia:
"Voai, nadai dentro em mim! quero o vosso calor!
A água eu sou do deserto, eternamente fria!"

E Hérmia, coroada ali de liana aberta em flor,
Hérmia do rio azul nas duas mãos bebia
E dava-me a beber do rio azul do amor.

SONHO

Vi-te em sonho. Se inda existes,
É só em meu pensamento;
Duraste o que um sonho dura!
Tinhas uns olhos tão tristes
E um timbre de mesto acento
Na voz cristalina e pura!

Nem céu nem terra te viram
Nem te hão de ver! De onde vieste,
Fantástica aparição?
Os lábios teus se entreabriram,
E a um nome que me disseste,
Gelou-se-me o coração...

Ver-te-ei ainda? Tão belo
Era o teu rosto, e a encantar-me
Tua forma vaporosa.
A ponta de teu cabelo
Deu-me a impressão, ao roçar-me,
De uma asa misteriosa.

Ah! mas foi tudo um momento!
Duraste o que um sonho dura,
Pois se inda existes, talvez
É só em meu pensamento...
Misteriosa formosura,
Faze que eu sonhe outra vez!

POESIAS,
1ª SÉRIE
(1900)

POR AMOR DE UMA LÁGRIMA

(Fragmentos)

I

Sob as copadas árvores me assento
E a fumar passo o dia.
Sussurra a voz do vento
Na ramaria.

As folhas verdes agitadas se olham
Com um modo singular,
E algumas que se esfolham
Me vêm falar.

E o vento passa. E as folhas, descobrindo
O meu grande tormento,
Afastam-se, fugindo
Com o vento.

III

Que desgraçados amores
Os meus amores! Porém,
Esta lembrança a que vem?
Estamos ao pé das flores.

Nasce a manhã, o sol nasce...
Ah! que figura faço eu,
Sozinho, diante do céu,
Com estas lágrimas na face!

IV

Por que, se te esqueci, sonho contigo?
E, se também me esqueces,
Por que, sorrindo-me e com rosto amigo,
Em sonhos me apareces?

V

Portas de ouro e marfim dos sonhos meus, cuidado!
Não a deixeis entrar!
Cerrai-vos, que dormir preciso, sossegado,
Longe de seu olhar!

A noite é quente. No ar há uma volúpia estranha.
Exala o ativo aroma o cacto da montanha.

Das virações ao leve e perfumado açoite,
Une-se inseto a inseto... Oh! tentações da noite!

Se ela vem! se através das cousas se insinua,
Neste silêncio, sob o resplendor da lua...

Portas de ouro e marfim dos sonhos meus, cuidado!
 Não a deixeis entrar!
Cerrai-vos, que dormir preciso, sossegado,
 Longe de seu olhar!

VII

Eras a nuvem que me transportava
Da terra ao céu, nuvem rosada e linda;
Eras a estrela que me alumiava
O caminho da vida... Oh! dor infinda
A nuvem se desfez, levou-a o vento,
A estrela se apagou no firmamento!

XIV

Razão de sobra me assiste
P'ra aborrecer-te hoje em dia:
Mas essa lágrima triste...
Ah! se não fosse essa lágrima,
Quanto te aborreceria!

A ofensa que me fizeste
Esquecer quem poderia?
Que punhalada me deste!
Ah! se não fosse essa lágrima,
Eu não te perdoaria!

O ódio me referve n'alma
E irrompe em surda agonia,
Irrompe e ruge... e se acalma...
Ah! se não fosse essa lágrima,
Cem anos te odiaria!

XV

Tenho enfermo o coração
Ninguém ao seu lado. Apenas
Fala, aumentando-lhe as penas,
De quando em quando, a razão:
– "Pobre louco, sofre agora
Por tão insensato amor!"
O coração ouve e chora,
Estorcendo-se de dor.

– "Dize: de que te valeu
Rebelde e orgulhoso seres!
Vê lá o que são mulheres!
Quem as compreende sou eu!
Pobre louco; sofre agora,
Por tão insensato amor!"
O coração ouve e chora,
Estorcendo-se de dor...

E estorcendo-se de dor,
O coração adormece;
E ela em sonhos aparece
E jura-lhe o mesmo amor.

XVII

Enganas-te, se crês que em raiva choro,
Que, aos céus os braços trêmulos alçando,
Conto daqui tua perversidade;
Que daqui, destes ermos onde moro,
Colérico, quem foste recordando,
Meus prantos a engolir, vingança brade.

Não! a indignação minha é já passada;
Durou pouco, desfez-se ao mesmo instante
Em que teu mudo padecer senti...
Para me desarmar a alma irritada
Foi bastante uma lágrima, bastante
O pingo d'água que em teus olhos vi.

Descansa, pois, teu coração acalma.
Nenhum mau sentimento me consome,
Nenhum rancor no seio meu se abriga;
Serena teu espírito. Em minh'alma
Se não há bênção p'ra louvar teu nome,
Ódios também não há com que o maldiga.

Esquece-me (outro tanto não te importe
Possa eu fazer). Tudo entre nós é findo,
Tudo, menos em mim não sei que mágoa...
Deixa que a sofra, deixa que a suporte,
Vendo, vendo de novo, reluzindo
Nos olhos teus aquele pingo d'água.

XIX

Não dirá minha boca,
Avessa a queixas e ais,
Não dirá minha boca
      Jamais
O que entre nós se deu!
Foi uma história louca
O que entre nós se deu...
Cala-te, minha boca!
Tudo, ó cabeça louca!
      Morreu!

XXI

Entre nós ambos tudo está desfeito.
    A causa... no meu peito
      Cale-se o coração.
Não tiveste razão... Mas também dizes
    Que eu não tive razão...
Que infelizes que somos! que infelizes!

XXII

Amamo-nos um dia,
Um só, na vida! Amamo-nos: nascia
A manhã fulgurante;
Amamo-nos: brilhava no Levante
O sol; na plaga infinda
O sol brilhava: amamo-nos ainda;
Caía o sol no oceano:
Ardia em nós o mesmo afeto insano;
Mas veio a noite e, unidos
Nossos rostos, os braços enlaçados,
Num longo e último abraço confundidos,
Morremos abraçados!

POESIAS,
2ª SÉRIE
(1912)

LIVRO DE EMA

ACORDANDO

Quero-te, vem! se acaso da neblina
Do sonho as formas desatar te é dado,
Se não és sonho tu, se ora acordado,
Posso tocar-te, sombra peregrina!

Com o mesmo rosto pálido e magoado,
Triste o sorriso à boca purpurina,
Com o todo, enfim, de aparição divina,
Rompe da névoa, meigo vulto amado!

Encarna-te! aparece! exsurge! acode!
E em minha fronte a coma ondeante e escura,
Cheia de orvalhos, úmida, sacode;

Mas se te dói pisar este medonho
Chão de abrolhos que eu piso, imagem pura,
Torna outra vez a aparecer-me em sonho.

CORAÇÃO MORIBUNDO

Esta em quem morro, a cujo peito um dia,
Como um dote de lágrimas, fui dado,
Na angústia d'alma, o erro chorosa expia
De tanto haver inutilmente amado;

Solitária, nos transes da agonia
Vai-se e, expirando, vê com olhar magoado
Que nem lhe vem tomar da mão já fria,
No adeus extremo, o seu ideal sonhado.

Os homens... Nenhum soube que doçura
Em mim guardava! amor demais, explica
Minha ventura, e minha desventura;

Prestes, – pêndulo inútil – neste seio
Serei sem vida... E tudo o que me fica
É a saudade de um bem... que nunca veio.

MORTA

Enquanto ao pé do leito em que Ema adormecida
Jaz no sono final, a mãe que se desvaira
Palpa do coração a angustiosa ferida, –
A alma, a força que há pouco a animara na vida,
De asas abertas no ar sobre o cadáver paira.

Enche-a, fá-la vibrar num secreto arrepio
O assombro que lhe causa o ter de, só, talvez,
Ir bater do mistério ao penetral sombrio;
E antes de remontar, lança a esse corpo frio
O seu saudoso olhar pela última vez.

– "Carne que tanto amei, doce prisão! – murmura,
Adeus! sozinha vou deixar-te em abandono.
Vinda é a hora fatal em que à serena altura
Sobe o espírito, e desce o corpo à sepultura,
Onde há de apodrecer no derradeiro sono.

Inda um momento, e em seu subterrâneo escondrijo,
Onde a espreitar quem vem há séculos estão,
Os vermes sentirás, no insano regozijo,
Aos cardumes ferver sobre o teu peito rijo,
Da matéria operando a decomposição.

E ness'hora, talvez, de minha eternidade,
(Console-te isto) a voar no turbilhão fecundo
Dos seres, eu terei uma vaga saudade,
Lembrando que feliz a tua mocidade!
Que ânsia de rir ao sol em teu olhar profundo!

De lá, repetirei, – como a canção magoada
Com que alguém se distrai, longe de seu país,
Este eco de mim mesma – a voz! que, apaixonada,
Como um sopro, agitava a rosa ensangüentada
De teus lábios, que abrir a um movimento eu fiz.

De lá, como é de crer a delicada essência,
Que do espaço através leva a aragem consigo,
Anda a flor a lembrar onde teve a existência:
Eu me recordarei, em minha eterna ausência,
Dos momentos da terra em que vivi contigo.

Era eu que ao pôr-do-sol, pelas tardes saudosas,
Fazia de teu seio a curva palpitar,
Eu te esculpi do flanco as linhas flexuosas
E às faces te acendi aquelas duas rosas,
Que ora ao frio da morte acabam de esmaiar.

Como vai pouco a pouco as fibras de uma planta
Seiva amiga estendendo, e vinga a planta e cresce,
E árvore, um dia enfim, de todo se alevanta,
Onde as aves juntando, a madrugada canta,
E os raios esparzindo, o dia resplandece:

Eu te fiz, palmo a palmo, ir crescendo... crescendo,
Té à idade chegar onde começa o amor;
E então que doce ouvir – a alvorada prevendo
Em que ias despertar – teu coração batendo,
Como o apressado ruflo inquieto de um tambor!

Quinze anos era um dia a tua idade apenas,
Quando estremeces toda e sem que o saibas como!
Rasam-se os olhos d'água, arfam-te as mãos pequenas,
Corre-te um frio suor pelas curvas morenas
E o seio virginal incha à feição de um pomo...
Era eu! Vinha dizer-te: – Ama! começa agora
A vida! ama e padece! a alma to ordena – e quer!
E amaste! E no teu sangue eu palpitei sonora,
Eu cantei, eu rugi! E foste desde ess'hora
A beleza sem-par, a esplêndida mulher!

Como, depois que entrou no largo firmamento,
À nuvem que ficara um minuto em repouso,
Apraz subir mais alto, impelida do vento:
Tal, chegando a essa idade, um desejo violento
Tiveste de atingir toda a altura do gozo.

Se então, da luz do Oriente à agonia da tarde,
Tu te estorceste em vão entre angústias mortais,
Se eu não te satisfiz a ânsia rebelde que arde,
É que por uma lei, – que eu respeitei covarde
E é contra a natureza, – era impossível mais!

E assim vieste a morrer, virgem de humano tacto,
Em arrancos de dor abafando o teu hino...
– Tal nasce ao pé da noite e à noite mesmo, intacto,
Murcha, unindo num feixe as pétalas, o cacto,
E a essência virginal entrega ao seu destino.

E ora... Mas com que fim dar a este corpo inerte
Tanto apreço?! Demais, ó carne, onde vivi,
Vais tomando outra cor, entras a desfazer-te,
E dói-me a confissão – já me repugna ver-te,
Cheiras mal, e é mister que eu afaste daqui."

....

Mãe, angustiada mãe, foi ness'hora suprema
Que, a prece interrompendo onde o sofrer transvazas,
Ouviste em tua dor – como a harmonia extrema
De uma extinta canção – sobre o cadáver de Ema,
Nas cortinas do leito, um movimento de asas...

NO PARAÍBA

Um pouco além da vila que, indolente,
Ao sol de Minas, se reflete e banha
Na água do rio, a túrbida corrente
O Paraíba alarga, se espraiando
            Pelo pé da montanha;
            Mudo fantasma absorto,
A sombra desta, à flor das águas presa,
Se alonga, escurecendo-as. Oscilando,
Dali, remada contra a correnteza,
Sai a canoa com o menino morto.

Em tosco tabuleiro mãos piedosas
Deitaram-no; – um punhado em cada canto
De roxas margaridas e de rosas;
Leva postas as mãos; de anjo vestido,
            Como que sonha; enquanto
            Ascendendo, ascendendo
Vai a canoa, enquanto pouco a pouco
A tarde expira e, como um vão gemido,
O único som que se ouve é o choro rouco
Do rio, em que entra o remo a água fendendo.

Inda está longe a pensativa igreja
Que, com o seu branco e esguio campanário,

Paredes nuas, se destaca e alveja;
Inda o sinal não deu da alma que espera,
     O sino solitário...
          Costeando o rio enorme,
A canoa lá vai. Sereno e lindo,
Boca a sorrir, postas as mãos de cera,
Na leve embarcação que vai fugindo,
Que puro sono o morto infante dorme!

Sobre ele agora os bastos ingazeiros
Se inclinam com as ramagens, onde a espaços
Brilham do Ocaso os raios derradeiros;
A anosa gameleira, em pé na riba,
          Sobre ele estende os braços.
          Do sol que já não arde
À dúbia luz, destaca-se o contorno
Das margens, à distância. E o Paraíba,
Longo e monótono, arquejando em torno,
Geme com rouco acento o hino da tarde.

A canoa lá vai... Quem neste instante,
Vendo-a, não se recorda haver outrora
Já visto um quadro àquele semelhante?
Esta mesma tristeza, a mesma calma,
          O mesmo céu de agora,
          Um rio – pouco importa
O sítio – um rio como aquele rio,
Um esquife sobre ele... e dentro d'alma
Uma voz que nos diz, no murmurio
De surdo pranto – É uma esperança morta!

PALMEIRA DA SERRA

Ó palmeira da serra
Que eu vejo todo o dia
A batalhar em guerra
Com a ventania,
Ó palmeira da serra,
A mim também me agita o seio esta agonia!

A minha vida inteira
É contínua ansiedade;
É como tu, palmeira,
Na tempestade,
A minha vida inteira,
Aspiração, amor, e tristeza, e saudade!

Ó palmeira da serra,
Quando repouso um dia
Hás de ter nessa guerra
Com a ventania?
Ó palmeira da serra,
Quando verei também findar esta agonia?

SOLIDÃO ESTRELADA

Eu sou da plaga infinita
A solidão estrelada.
Homem, cuja alma se agita
Sempre inquieta e atribulada,

Que tens? que dores consomem
O teu coração que, assim,
Estacas os olhos, homem,
Prendendo-os, atento, em mim?

Invejas-me acaso? ouviste
Que posso, alma desditosa,
Tornar-te feliz, eu, triste!
Eu, solidão misteriosa!

Vem até mim! vem comigo
Estupidamente olhar
Este quadro gasto e antigo
De nuvens, de estrelas, de ar...

Vem compartir o cansaço
Que ab aeterno, sem remédio
Me faz no enfadonho espaço
Bocejar todo o meu tédio.

Como enfara o comprimento
Desta extensão que produz
Os astros no firmamento,
Nos astros a mesma luz!

E hei de até quando estender-me,
Triste, monótona e vasta,
Sem que em mim se agite o verme
Do tempo, que tudo gasta?

Solidão, silêncio enorme,
Eis tudo o que sou. Porém,
Se amas a dor que não dorme,
A dor sem limites, – vem!

O ESPELHO

No espaçoso salão, suspenso de alto muro,
Brilha inútil agora o espelho, que no escuro
Lança um reflexo frio. Apagou-se o clarão,
Foi-se o esplendor do baile. Ermo é o vasto salão.
Formas esculturais, sedas de várias cores
Arrastando em tropel, jarras cheias de flores,
Leques no ar desdobrando as asas triunfais,
Prismas de ouro e rubins radiando entre cristais
À luz, tudo passou! 'Stá vazio o cenário
E inútil brilha agora o espelho solitário.
Sombra uniforme, igual, como pesado véu,
Sobre tudo caiu, por tudo se estendeu.
Nem da mobília esparsa, em seu verniz sombrio,
Lampeja acaso a furto o mogno luzidio,
Nem desse lustre aí suspenso, áureo e sutil
Pirilampeia um só dentre os pingentes mil.
Completa escuridão! E no seu trono alteado
Olha o espelho em redor, como um luar gelado.
– "Parede alta, onde estás? Onde vos escondeis,
Crespos florões de fogo, esplêndidos painéis,
Estatuetas de bronze? Onde, encoberta agora,
Dormes, porta, que a entrada ampla, a girar sonora,
Estendias a um passo aéreo de mulher?
Oh! se acordasses! oh! se um momento sequer
Tu te abrisses! se os teus gonzos brutais rangessem!

Se de novo essa luz brilhasse e se elas viessem!
Se elas viessem! e aqui, da noite à languidez,
Neste vasto salão eu as visse outra vez!
Se, as mãos dando-se, o seio a arfar, largada a trança,
Eu as visse outra vez no vórtice da dança!
Se as visse após, o olhar febril, pálida a cor,
Exaustas de cansaço, anelantes de amor!
Mas contra o sono e a sombra investe o meu desejo:
É tudo escuro! é tudo escuro! eu nada vejo!"
E olha de novo o espelho. Olha debalde. Só!
Só! – E no chão, do tecto ouve cair o pó.
Que isolamento! que tristeza! que ansiedade!
Só! e em seu rosto a sombra! e em su'alma a saudade!
Só! e a lembrança eterna, imensa do que viu,
Do que evocou, do que sonhou, do que sentiu!
– Formas esculturais, sedas de várias cores
Arrastando em tropel, jarras cheias de flores,
Leques no ar desdobrando as asas triunfais...
Tudo! e tudo se foi! tudo! e tudo – jamais!
Jamais naquela noite ele, como esse enorme
Salão sem luzes que, triste e soturno dorme,
Verá passar! verá sorrir! verá brilhar!
E o espelho, extremo esforço, abre, escancara o olhar:
Nada! o negrume espesso! a escuridão! O ouvido
Aguça: nada! nem o mínimo ruído,
A não ser esse, o eterno! o do incessante pó,
Sempre a cair do tecto! – "Estou só! estou só!
Por que deixei passar tanta imagem formosa,
Tanta visão gentil em minh'alma ambiciosa,
E uma só não guardei, deixando-as todas ir?

Por que, leviano, à face um mundo a refletir,
Deixei que desse mundo o clarão se apagasse,
Sem um raio sequer guardar em minha face?
Vário, que existe agora em meu semblante vário?"
E olha o espelho, olha ainda...
                              – Espelho solitário,
Consola-te na tua ansiedade sem fim,
No abandono em que estás... Há corações assim.

SERENATA NO RIO

Desce a corrente do rio
O barco sem remadores.
Que secreto murmurio
Da ribanceira entre as flores!

O barco sem remadores
Oscila à toa, flutua,
Da ribanceira entre as flores,
Aos frios raios da lua.

Oscila à toa, flutua...
Que figura inteiriçada,
Aos frios raios da lua,
Vai nesse caixão deitada!

Que figura inteiriçada!
– Vede-lhe os olhos sem vida!
Vai nesse caixão deitada,
Toda de branco vestida.

Vede-lhe os olhos sem vida!
Que visão! que forma estranha!
Toda de branco vestida,
É um mármor que a lua banha.

Que visão! que forma estranha!
Que neve esmaiada aquela!
É um mármor que a lua banha...
Soluça alguém junto dela:

(Que neve esmaiada aquela!)
– "Minha pálida neblina,
(Soluça alguém junto dela)
Dorme, que a noite é divina!

Minha pálida neblina,
A morte ao seio te estreita;
Dorme, que a noite é divina,
Em breve estarás desfeita.

A morte ao seio te estreita,
Tua essência se evapora;
Em breve estarás desfeita,
Como as neblinas da aurora.

Tua essência se evapora..."
Cala-se a voz de repente.
Como as neblinas da aurora
Roxeia o clarão do Oriente!

Cala-se a voz... De repente
Surge o dia esplendoroso;
Roxeia o clarão do Oriente
O barco silencioso.

Surge o dia esplendoroso...
– Como um fantasma sombrio,
O barco silencioso
Desce a corrente do rio.

NOTURNO

Como a noite está fria! A quando e quando
Dobram-se fora as árvores com o vento;
Crescentes nuvens, em compacto bando,
    Correm no firmamento.

Arde em meu quarto a lâmpada tardia.
Os meus livros me esperam... mas que importa!
Quero sonhar, ouvindo a ventania,
– Espectro errante a soluçar-me à porta.

Meu amor! meu amor! em que abandono
Dormes! que pedra esmagadora em cima
Te puseram, que em vão no eterno sono
    A minha voz te anima?!

Levaram-te: um caixão com tachas de ouro,
Um carro de ouro e luto... horror infindo!
E no caixão deitado um vulto louro,
    Postas as mãos, dormindo.

– Acorda! acorda! A noite está tão fria!
Mas escuto uma voz... é a voz da morta...
É a voz da noite! É a voz da ventania,
– Espectro errante a soluçar-me à porta.

ALMA LIVRE

TAÇA DE CORAL

Lícias, pastor – enquanto o sol recebe,
Mugindo, o manso armento e ao largo espraia,
Em sede abrasa, qual de amor por Febe,
– Sede também, sede maior, desmaia.

Mas aplacar-lhe vem piedosa Naia
A sede d'água: entre vinhedo e sebe
Corre uma linfa, e ele no seu de faia
De ao pé do Alfeu tarro escultado bebe.

Bebe, e a golpe e mais golpe: – "Quer ventura
(Suspira e diz) que eu mate uma ânsia louca,
E outra fique a penar, zagala ingrata!

Outra que mais me aflige e me tortura,
E não em vaso assim, mas de um boca
Na taça de coral é que se mata."

FLOR SANTA

Entre as ruínas de um convento
De uma coluna quebrada
Sobre os destroços, ao vento
Vive uma flor isolada.

Através de férrea grade
Espiando ao longe e em redor,
Que olhar de amor e saudade
No cálix daquela flor!

Diz uma lenda que outrora
Dentre as freiras a mais bela,
Morta ao despontar da aurora,
Fora achada em sua cela.

Ao irem em terra fria
O frio corpo depor,
Sobre coluna que havia
A um lado, nascera a flor.

E a lenda refere ainda:
Assim que o luar aparece,
Da flor animada e linda
No cálix se ouve uma prece.

Reza... E medrosa, e encolhida
A um canto, pálida a cor,
Toda no céu embebida,
Vendo-o, talvez, pobre flor!

Parece, tão branca e pura,
Tão franzina e desmaiada,
Uma freira em miniatura
Nas pedras ajoelhada.

VERSOS DO CORAÇÃO

Sabes dos versos meus quais os versos melhores?
São os que noutro dia eu fiz, pensando em ti;
Amassados em fel, misturados com flores,
Trago-os no coração e nunca os escrevi.

Sinto-os ora em canções, ora em soberbas odes,
Como nunca as sonhou musa pagã, cantar;
Quando comigo estás, tu surpreender-me podes
Nos olhos, como um sol, a estrofe lampejar.

Do peito que a gerou, como de incandescente
Ninho, ela sai; e ali, de meu pranto através,
Transformada ao passar numa lágrima ardente,
Vai cair silenciosa e extática aos teus pés.

Suas irmãs, no entanto, ou lânguidas ou vivas,
Ficam lá dentro e em coro alternam queixas e ais;
Prisioneiras de amor, pobres mouras cativas!
Ninguém o elo que as prende há de quebrar jamais!

Ninguém as há de ouvir! abafadas nasceram
Em sua própria dor, dentro do coração,
Abafadas, assim como os sonhos morreram
E a esperança morreu, lá dentro morrerão.

Se me sorris, não sei que força lhes emprestas,
Que almo alento e vigor, meu lírio virginal!
Freme, retine a rima, e todo fogo e festas
Vibra cada hemistíquio um canto nupcial.

Se me falas, porém, com a altivez costumada,
Ah! que música triste e que infeliz sou eu!
Tudo o que há pouco ouvia em festival toada,
Se foi a lento e lento e desapareceu.

E pelo coração rola um vasto lamento
Elegíaco e rouco, assim como um tambor,
Rufando em cada verso a ária do desalento
Do meu profundo amor, meu desgraçado amor.

O MURO

É um velho paredão, todo gretado,
Roto e negro, a que o tempo uma oferenda
Deixou num cacto em flor ensangüentado
E num pouco de musgo em cada fenda.

Serve há muito de encerro a uma vivenda;
Protegê-la e guardá-la é seu cuidado;
Talvez consigo esta missão compreenda,
Sempre em seu posto, firme e alevantado.

Horas mortas, a lua o véu desata,
E em cheio brilha; a solidão se estrela
Toda de um vago cintilar de prata;

E o velho muro, alta a parede nua,
Olha em redor, espreita a sombra, e vela,
Entre os beijos e lágrimas da lua.

M. G. R. O.

Como a abelha do vale entre os lírios de neve,
Pousa aqui, pousa ali, vai com o pezinho leve
Seqüestrando ao passar o pó delgado e louro
Com que leda e feliz torna à colméia de ouro:
Minh'alma, por servir à divina Poesia,
Assim ávida há pouco a inspiração bebia
Ora em formoso olhar de morno fluido cheio,
Ora no opresso ansiar de provocante seio,
No lúbrico sorrir de apetecida boca,
Em tudo o que a trazia embriagada e louca,
E no íntimo a pulsar-lhe apaixonadamente,
– Qual subterrânea estua e arfa termal corrente,
Fazia fluir-lhe o verso e a rima peregrina,
Como escoa de um tronco um fio de resina.
Hoje fonte melhor, mais remansada e pura,
Tenho à sede de ideal que eterna me tortura:
Já não há que cansar – trêfega borboleta,
A alma de clima em clima, em meu sonhar de poeta;
Hoje no teu olhar, hoje no teu sorriso
Transluz-me a irradiação clara do Paraíso;
E feliz, quanto ainda a antiga lira acorda
E a faz estremecer, ressoando corda a corda,
Sinto que vem de ti, Musa do sentimento,
Nova Musa a quem vai todo o meu pensamento,
E a minha inspiração, em cânticos dispersos...
Mãe de meu filho! mãe dos meus melhores versos!

A QUE SE FOI

I

Foi para melhores climas,
Que o médico em voz austera:
– "É já levá-la, dissera,
Para as montanhas de Minas."

II

Ficou deserta a casinha,
Inda a lembrar tristemente
O vulto esguio da doente
E o longo adeus que lhe ouvira.

III

O noivo, que mal sabia
Da noiva a sorte funesta,
Com o coração todo em festa,
De longe a abraçá-la vinha.

IV

Dão-lhe a nova da partida,
E ao verem que lhe rebentam
As lágrimas, acrescentam:
– Foi para melhores climas!

V

Lá vai às serras de Minas,
Lá vai da noiva em procura;
Ora achá-la conjectura
Morta, e ora risonha e viva.

VI

Depois de horas de aflitiva
Impaciência e pena estranha,
Vê, montanha por montanha,
Longe as montanhas de Minas.

VII

Às palmeiras que lá em cima
Segredam com a imensidade,
Pergunta em louca ansiedade:
– "Ela está morta ou está viva?"

VIII

E as palmeiras no alto erguidas
Respondem-lhe, balouçando,
E o azul do céu apontando:
– "Foi para melhores climas!"

NUM TREM DE SUBÚRBIO

No trem de ferro vimo-nos um dia,
E amarmo-nos foi obra de um momento,
Tudo rápido, como a ventania,
Como a locomotiva ou o pensamento.

– Amo-te!
           – Adoro-te!
                     A estação primeira

Surge. Saltamos nela ao som de um berro.

Nosso amor, numa nuvem de poeira,
Tinha passado, como o trem de ferro.

O PIOR DOS MALES

Baixando à Terra, o cofre em que guardados
Vinham os Males, indiscreta abria
Pandora. E eis deles desencadeados
À luz, o negro bando aparecia.

O Ódio, a Inveja, a Vingança, a Hipocrisia,
Todos os Vícios, todos os Pecados
Dali voaram. E desde aquele dia
Os homens se fizeram desgraçados.

Mas a Esperança, do maldito cofre
Deixara-se ficar presa no fundo,
Que é última a ficar na angústia humana...

Por que não voou também? Para quem sofre
Ela é o pior dos males que há no mundo,
Pois dentre os males é o que mais engana.

OS AMORES DA ESTRELA

Já sob o largo pálio a tenebrosa
Noite as estrelas nítidas e belas
Prendera ao seio, como mãe piedosa.

De umas as brancas lúcidas capelas,
De outras o manto e as clâmides de linho
Viam-se à luz da lua. Estas e aquelas,

Todas no lácteo sideral caminho
Dormiam, como bando alvinitente
De aves, à sombra, nos frouxéis de um ninho.

Vênus, porém, chorava; ela somente
De pé, cismando, o níveo olhar mais níveo
Que a prata, abria na amplidão dormente.

Olhava ao longo o célico declívio,
Como a buscar alguém que desejava,
Qual se deseja alguém que é doce alívio.

Só, no espaço desperta, como a escrava
Romana ao pé do leito da senhora
Velando à noite, a mísera velava.

Um deus de formas válidas adora;
São seus cabelos ouro puro, o peito
Veste a armadura de cristal da aurora.

Quando ele sai das púrpuras do leito,
O arco na mão, parece de diamantes
E rosados rubins seu rosto feito.

Dera por vê-lo agora as cintilantes
Lágrimas todas, líquido tesouro,
Que lhe tremem às pálpebras brilhantes...

Mas soa de repente um grande coro
Pelas cavas abóbadas... E logo
Assoma ao longe um capacete de ouro.

O deus ouviu-lhe o suplicante rogo!
Ei-lo que vem! seu plaustro os ares corta;
Ouve o relincho aos seus corcéis de fogo.

Já do roxo Levante se abre a porta...
E ao ver-lhe o vulto e as chamas da armadura,
Fria, trêmula, muda e quase morta,

Vênus desmaia na infinita altura.

SOB UM SALGUEIRO

Dorme uma flor aqui, – flor que se abria,
Que mal se abria, cândida e medrosa,
Rosa a desabrochar, botão de rosa
Cuja existência não passou de um dia.

Deixai-a em paz! A vida fugidia
Como uma sombra, a vida procelosa
Como uma vaga, a vida tormentosa,
A nossa vida não a merecia.

Em paz! em paz! A essência delicada
Do anjo gentil que este sepulcro encerra,
É hoje orvalho... cântico... alvorada...

Sopro, aragem do céu, talvez, que o pranto
Anda a enxugar a uns olhos cá na terra,
Doces olhos de mãe, que o amavam tanto.

PALEMO

Viu nestas águas morta, o corpo frio
Boiando errante à fúria da procela,
Palemo, o pescador, a Ulânia bela,
Filha de Alceu, mimosa flor do rio.

Deu-lhe a desesperança de perdê-la
Ao seu perdido amor tal desvario,
Que em mais não cuida do que em ter o esguio
Caniço na água, e o pensamento nela.

Acompanha com os olhos na corrente
O anzol e a idéia – árdua, incessante lida!
Nem o estar só, nem o mau tempo o assombra;

Nem horas conta, que o seu mal latente
Alheio a tudo o traz e à própria vida,
Curvo a pescar a sua própria sombra.

CONFISSÃO DOS OLHOS

Na sala, muita vez, junto aos que estão contigo,
Noto entrando que ao ver-me, entre surpresa e enleio
Ficas, como se acaso um sofrimento antigo
Eu te viesse acordar lá no íntimo do seio.
Por que enleio e surpresa? Olham-te, e empalideces;
Pões a vista no chão, fazes que desconheces
Estar ao pé de ti quem te perturba; acaso
Vais distraída; aqui tocas a flor de um vaso,
Ali de um velho quadro atentas na gravura;
Achegas-te à janela, olhas a tarde pura,
Voltas. De face então vês-me e estremeces. Quase
Disseste o que dizer te anseia há muito; a frase
Íntima, breve e ardente, em teu lábio purpúreo
Aflou num palpitar, fez ouvir um murmúrio,
Mas refluiu... Em torno atentos te encaravam.
Foi quando para mim teus grandes olhos voaram,
Voaram, vieram, assim como do firmamento
Duas estrelas, e a alma unindo a um pensamento
Único, em fluido a escoar dos raios de ouro em molhos,
Somem-se em mudo assombro, abismam-se em meus olhos.

E em minh'alma, lá dentro, eu sinto então, querida,
Que eles deixam cair, no ardor em que me inflamo,
Ah! e com que calor, com que sede de vida!
Letra a letra, a tremer, o teu segredo: Eu te amo!

NAUFRÁGIO

Só, no alto oceano horrendo, um navio se afunda.
Salteou-o a cerração, e o temporal em viagem.
A um bordo e a outro a uivar, como lobo selvagem,
Cospe-lhe amargo insulto a vaga furibunda.

Só, em meio da vida, ó sofredora imagem,
A quem não mais o Amor, não mais o Ideal fecunda,
Naufragas tu também em solidão profunda.
Torpor, náusea e cansaço impelem-te à voragem.

Ó navio! no mar, por horas tais da noite,
Quem há que por valer-te à escuridão se afoite?
Ninguém! E em teu sinistro, à onda maior que vem,

Alma – pano de nau largado aos quatro ventos
Das grandes provações e grandes desalentos,
Quem te há de o extremo grito acaso ouvir? Ninguém!

TERRA NATAL

O PARAÍBA

(Fragmentos)

A Carlos Magalhães de Azeredo

*Notável rio... Tão abundante de águas,
como prolongado em curso.*
Jaboatão, *Novo orbe seráfico*

*E aquilo vinha surdamente troando,
troando.
E uivavam alto a tempestade e as
ondas em torno da casa.*
Burger

I

Da serra da Bocaina até São João da Barra,
Onde a Atlântico o sorve, onde o rumor bravio
Se lhe abafa da voz – monstro a levar na garra
Troncos, pedras, o que acha em seu percurso – o rio,

Margens de argila ou gnaisse às suas águas dando,
Em chão de grés ou saibro, em plano, almargem ou gruta,
Longo se estende, ao sol, com cem vagas cantando
O hino que o céu azul, sobre ele arqueado, escuta.

Traz dos sertões que andou, cânticos e perfumes,
Um ninho, um fruto, um ramo, um leque de palmeira,
E a alma errante e imortal das cousas, em queixumes,
Debruçada a chorar-lhe em cada ribanceira;

Traz dos rotos grotões, cuja abóbada agita,
Retumbando-lhe dentro em ímpetos violentos,
A revoada ululante, a sucessiva grita
Dos ecos que lá sopra a buzina dos ventos.

No amplo manto talar que undívago sofralda
E que descose e rasga entre os penhascos duros,
Traz das serras do Sul, tão verdes! a esmeralda,
E o ouro dos milharais a apendoar maduros;

Traz o limo e aguapés em balças que suspende,
E os nelumbos a abrir as corolas redondas,
Das terras baixas, onde em plano igual se estende
E onde põe a pastar o seu rebanho de ondas.

Aí lhe acorrem, voando, a vê-lo, das charnecas,
E em confuso alarido, às asas dando, gritam
A garça, o frango d'água e a aluvião de marrecas,
Mergulhões e irerês que o chão palustre habitam.

Aí, talvez, a sanha e o irado aspecto esconde
E é todo amor. Aí crês ouvir-lhe à superfície
Flébil choro, a que à tarde, ao pôr-do-sol, responde
O longínquo mugir dos touros na planície.

Mas aos cedros da serra a maciça coluna
Basta lascá-la venha o raio de repente,
Basta nuvem de bronze o espaço coalhe, e zuna,
Lampeje o céu boreal, ruja a trovoada ardente,

E ele, alteando feroz, a tudo investe, ao peso
Das ondas, bolha e espuma em férvida cascata;
À cauda triunfal – como um vencido preso
À cauda de um cavalo – as suas preias ata;

Leva-as; minaz estronda, e o socavão dos montes,
Com o inaudito fragor, longo reboa e geme;
Engenhos, construções que ao pé lhe vedes, pontes
Que a atravessá-lo estão, tudo vacila e treme.

E ao encontro lhe vêm seus grandes tributários:
Vêm o Piratininga, o Turvo, que em caminho
Toma o das Pedras; vêm (tantos são e tão vários!)
Agora liso e manso, agora em redemoinho,

Gorgolhando, a bufar, o Mundéus, o Vermelho,
Laje, que o nome tem da pedra em que descansa,
Cachoeira, a refletir o azul em seu espelho,
Taquaral, São José, Formoso e Barra Mansa;

Vêm Barroso, e Quatis; vêm e dos cerros tomba
Piabanha, e Paquequer; vem Dois Rios, formado
De dois rios: O Grande e o Negro; vem o Pomba,
Vem o Muriaé; vêm de um lado e outro lado

Todos, de uma e outra borda. E em movediço bando,
Ante o Rei do deserto, as urnas de água cheias,
Cantam, ora do chão nas lapas ajoelhando,
Ora, como a chorar, de bruços nas areias:

– "Ave, ó Rio gigante! ave! (E aos pés dele, em terra,
Vão depor-lhe, jurando eterna vassalagem,
As páreas; de um às mãos o minério da serra
Reluz; outro sopesa estípite selvagem;

Este de seus sertões, na costumada faina,
Lhe traz dos jequiris as contas cor-de-rosa;
Qual as plumas do ubá, qual os flocos da paina,
Qual a flor da canela e a madeira cheirosa)

Ave, ó Rio gigante! A ti vimos das trevas
E do sol da soidão; e a ti, que undoso e forte
Vais, e – novo Tritão – contigo as chaves levas
Com que as portas abrir sóis do Atlântico, ao Norte,

Rio, vimos pedir: os teus vassalos guia!
Faltam-nos força e alento em jornada tamanha!
Tu, só tu, belo e audaz, à praia fugidia
Que em sonhos vemos nós, como uma pátria estranha,

À alva praia, onde à noite, em seu clamor obscuro,
A chamar-nos está, quebrando, o Oceano, em cheio:
– Rios, meu seio é bom, não pedregoso e duro,
Água eu sou como vós; rios, vinde a meu seio!

Tu, só tu, magno Rio, é que levar-nos podes!
Arrebata-nos, pois. E a correnteza tensa
Suma em ti, como a flor da espuma que sacodes,
Nosso imenso cansaço e nossa mágoa imensa."

Então, sustando um pouco a marcha e um murmurio
Arrancando maior do peito cavernoso:
– Vinde! às águas que vê diz conturbado o rio,
Grande, afetivo e bom, como um Titão piedoso;

Depois, várzeas e céus atroando com o alarido,
Troncos, pedras, o que acha enfeixa a uivar na garra,
E divino e feroz, num cântico ou rugido
De cólera ou de amor, entra em São João da Barra.

III

Mas de improviso, como enraivada serpente
Que ao corpo as voltas mil súbito desenrosque
E se erga, avulta e estrala ígnea espiral ardente.
É o fogo ateado em torno ao ressequido bosque.

Formidável clamor, como o de mar e ventos,
Resfolgar de trovões, cântico indefinível,
Choros e confusão de guinchos e lamentos:
Tal é o coro infernal que ele rouqueja horrível.

Já nas malhas da rede ignívoma a floresta
Apresou, e um por um os vegetais enlaça,
E onde há pouco ainda a Vida em aflatos de festa
Passava, agora a morte, o estrago, a ruína passa.

Oh! quem pudera ter ouvido naquela hora
Próprio a ouvir o que diz a floresta abrasada,
E como o seu suplício, ao fogo que a devora,
Nas águas se reflete e nos seus roncos brada!

Erriçados de horror, do rio amado às ribas
Mal vos podeis firmar nas soberbas colunas,
Ó jacarandatãs! ó maracanaíbas!
Canjeranas e ipês, ubatãs e braúnas!

Não há sofrear a fúria ao vórtice de chamas!
Ai! de teus filhos, ai! convulsionada mata,
Lá se vão! lá se vão frutos, latadas, ramas!
Tudo o incêndio voraz te sorve e te arrebata!

É o tempo em que um listão de sangue se desenha
Nas águas (darda o sol as flechas de ouro a prumo)
E em breve é tudo aquilo, o rio, o vale, a brenha
Um oceano de fogo, um oceano de fumo.

V

É morto o rio. O vale ensombram-lhe os destroços
Que o bosque lhe atirou, pelo incêndio desfeito.
Estas pedras que vês ao longo de seu leito,
Negras, faiscando à luz, são os seus grandes ossos.

Fantásticos e em fila, à sua margem, torvos,
Como espectros de cinza, olham-no os troncos brutos;
A explorar-lhe com o bico os detritos corruptos,
Em revolto esquadrão saltam, grasnando, os corvos.

Bóia-lhe à tona podre e desafia a gula
À ave ictiófaga o peixe; a lesma, a preguiçosa
E bicéfala cobra, a mole rã nojosa,
A antanha, o sapo vil, tudo ao pé lhe pulula.

É morto o grande rio! O viajor que sem tréguas
Desde São Paulo vinha a caminhar ovante,
Cansou, quedou a dormir, o seu corpo gigante
Estendendo através de cento e tantas léguas.

Por incenso, aos seus pés, mãos de invisíveis numes
Trazem do alecrim seco e sassafrás o cheiro;
Círios a alumiar-lhe o sono derradeiro,
Luciluzindo estão pálidos vaga-lumes.

Murmuram-lhe um adeus aragens e arvoredos
E as palmeiras em pé nos vastos horizontes;
Sobe por ele ao Céu, do cabeço dos montes,
Aos sons do órgão da Tarde, a prece dos rochedos.

Como extremosa mãe, pela vez derradeira
Beija-o chorando a Noite; aos mortos membros talha
No próprio manto augusto a lutuosa mortalha,
E o Cruzeiro do Sul planta-lhe à cabeceira.

VI

Mas um dia, do azul, ao derramar o cálix
Do orvalho celestial, uma nuvem errante
Olha abaixo, e descobre o cadáver gigante
Do gigante estendido entre grotões e vales.

E essa nuvem, então, num vasto desconforto,
No éter voando, onde em luz seus vapores se enrolam,
Chama pelas irmãs que em céus longínquos rolam:
– "Irmãs! minhas irmãs! o Paraíba é morto!

É morto o grande rio! águas que ao mar tamanhas
Mandava, ei-las volvendo em leito exile e raso!
Ah! choremo-lo, irmãs!" E às montanhas do Ocaso,
E às montanhas do Sul, e a todas as montanhas

Chegam em sobressalto as nuvens; em tristeza
Cada qual se debruça a ver morto o seu rio;
Logo, feitas num grupo, em trovejar sombrio,
Prorrompem a bramir por toda a natureza.

Sobe um tufão de dor do alto daqueles montes,
Varre os céus. A um retumbo estupendo estremecem
Mar e terra. Fuzis rápidos resplandecem,
Como o relampejar de uma forja de Brontes.
Estala o raio. Estronda espedaçada a frágua
Dos trovões. O Universo é mudo espanto e assombro.
E as nuvens a chorar, érea clâmide ao ombro,
– Tanto pode uma dor! soltam-se em quedas d'água.

Como que a estranho impulso, então, em cada serra
A enxurrada brutal vê-se (ou chorado pranto)
Sair de cada fenda, irromper por encanto
De cada esvão de gruta, e empapaçando a terra,

Arrastando-a na queda, em surdo baque ao fundo
Tombar do abismo, e aí se encaminhar ao plano,
Onde de um rio extinto agora exsurge o Oceano,
Como exsurge do nada a aparição do mundo.

VII

....

Mas que desmesurado o rio cresce! A enchente!
Horror! a enchente aí vem! piam-lhe à frente, em bando,
Codornas e irerês; um fragor, um freqüente
Estrépito infernal pelos campos reboando,

Se ouve. É a água a vingar os conhos broncos e altos,
A estender-se em lençóis, e qual de rotas urnas,
Das pedras a bolhar e indo eversora, aos saltos,
O côncavo a entupir das fragas e das furnas.

Paraíba, o que és tu na inundação tremenda,
Quando infrene te vais, a voz do povo o conte,
Digam-no as vidas mil que tens tragado, e a lenda
De Cecília e Peri sumidos no horizonte...

VIII

Um dia, não há muito (e o espetáculo horrendo
Oferto aos olhos teus, tu que no seio o trazes,
Memoras com pavor, Terra dos Goitacases!)
Um dia, o cabedal das águas recolhendo

De vertente em vertente, o eco às fazendas mortas
Acordando ao passar, ele desborda opimo,
E conturbado o aspecto, a urna de pedra e limo
Vaza indignado do ombro, e te arremessa às portas.

O rudo embate então, núncio da enchente, ouviste;
E em breve, a pouco e pouco, afundando afogadas
Viste em seu grosso curso as várzeas e as estradas,
E as tuas plantações e os teus engenhos viste.

Como em novo dilúvio ou novo cataclismo,
A água tudo cobriu; só, mais alta, a cidade,
Na parte a que não chega o fluxo iroso e a invade,
Paira, como uma ilha, a flutuar no abismo.

Entra, acobarda o medo a quantos dali medem
A cheia, e orando e ao céu levando as mão erguidas,
Ao céu, por que na terra os bens lhes poupe e as vidas
(Maior bem no perigo) e as águas baixem, pedem.

Mas não os ouve o céu, antes armado entoa
Hino de guerra, solta o raio, expede as setas,
Faz rolar dos trovões as sonoras carretas;
Em contínuo ribombo o monte e o vale atroa.

Ai! dos campos em flor, das aves e dos ninhos!
Que lamento lá vai! que voz de dor levantam!
Ai! dos carros de bois que nas estradas cantam,
E o eixo partido vêem, fundeados nos caminhos!

Ai! das fazendas onde a mesta voz plangente
Se ouve a todo animal nos charcos das campinas!
Ai! dos torreões de pedra a assinalar usinas,
Os quais tudo em redor vêem afundar na enchente!

Ai! dos canaviais! lá vão com aquelas flores,
Com aquelas balças vão na corrente levados!
Lá vão os milharais com os seus pendões dourados!
Ai! das lavouras! ai! dos pobres lavradores!

Ai! Guarulhos, de ti, que tão vizinho trazes
O monstro de águas! Ponte, onde ele esbarra e fuma,
E sob a qual rasgado estronda o pego e espuma,
Ai! de ti! Ai! de ti, Terra dos Goitacases!

IX

Uma noite (dos céus completamente escuros
Trovoava ininterrupta e enorme profundeza)
Num rancho de sapé, desses que mal seguros
Com uns paus e barro e palha edifica a pobreza,

Um pequenino esquife, entre fitas e flores,
Mostrava amortalhado um anjinho. Dois velhos
Rodeiam-no. É um casal de rudes lavradores;
Ele, mudo, a cismar; ela, a rezar de joelhos.

Súbito, um som medonho! uma parede abate,
E logo um tropel vasto e grosso a escoar lá fora...
É o rio, é o Paraíba! àquela porta bate,
Bate, e entra onde a mãe ao pé do filho chora.

Mulher, marido, os dois olham-se então. Horrível!
Olham-se e olham lá fora a noite, em que se espraia
Branca, sob um céu negro, a enchente toda um nível,
Toda um nível com o céu, sem horizonte ou raia!

– "Eia! – o homem exclama – é já fugir! é o rio!"
– "Mas como? e este anjo?!" a mãe, joelhos em terra, fala,
E estorce as magras mãos hirtas, em desvario.
Abate outra parede. O tecto arqueja e estala.

– "Ouves? – e ele a impeliu – Ergue-te!" Ela resiste:
– "Meu filho!" é quanto diz. Ele se cala, absorto,
Mas logo: "Vem!" implora. E ela a teimar, a triste,
Em morta ali ficar com o seu filhinho morto.

Já o rio molha aos dois os pés, e a casa inunda;
Já se vêem na água andar os móveis aboiando;
Vai ruir o frechal; o chão se cava e afunda,
Rasga-se um boqueirão de hiantes fauces! quando,

Só então, a mãe se ergue; ao leve esquife estreito,
Ao morto filho, ali, pálido, inanimado,
Pela última vez aperta contra o peito...
Duas velas lhe acende, uma de cada lado;

Rosas brancas aos pés e à cabeceira espalha;
Dá-lhe um beijo, outro beijo, o último beijo ardente;
Olha-o ainda, ao corpo ajeita-lhe a mortalha,
Depois, como um baixel, solta o esquife na enchente.

E num grito de dor e de todas as mágoas,
Alçando as mãos, o olhar faiscando ignoto brilho,
Brada, olhando a extensão intérmina das águas:
– "Minha Nossa Senhora, entrego-te o meu filho!"

X

Voga o esquife na enchente. Ao largo avança. Voga.
Duas luzes o vão nas águas alumiando;
Corta, como uma quilha, a flutuante gigoga,
Cruza os lódãos em flor. Vai boiando, boiando...

E enquanto ele assim vai, o rancho extinto esquecem
Os dois; e água até o peito, encanecida a fronte,
Curvos, sob um céu mau, longe desaparecem,
Ao clarão de um fuzil, na extrema do horizonte.

Mas um grito de dor e de todas as mágoas,
O esquife a acompanhar no aventuroso trilho,
Inda se ouve à distância e vem morrer nas águas:
– "Minha Nossa Senhora, entrego-te o meu filho!"

XI

Decorreram três sóis. O rio baixa. Um dia
– Encalhado batel – do cemitério à porta
Alguém o esquife encontra; inda uma vela ardia,
E entre rosas sonhava a criancinha morta.

XII

Foi milagre? Talvez... Indiferente, entanto,
Passa o rio a espumar sob a mão que o governa,
Saudando os céus azuis num formidável canto,
Na divina embriaguez de sua força eterna.

O NINHO

O musgo mais sedoso, a úsnea mais leve
Trouxe de longe o alegre passarinho,
E um dia inteiro ao sol paciente esteve
Com o destro bico a arquitetar o ninho.

Da paina os vagos flocos cor de neve
Colhe, e por dentro o alfombra com carinho;
E armado, pronto, enfim, suspenso, em breve,
Ei-lo balouça à beira do caminho.

E a ave sobre ele as asas multicores
Estende, e sonha. Sonha que o áureo pólen
E o néctar suga às mais brilhantes flores;

Sonha... Porém de súbito a violento
Abalo acorda. Em torno as folhas bolem...
É o vento! E o ninho lhe arrebata o vento.

A MORTE DO FEITOR

I

Ventania horrível. Noite de invernada.
Pelo rancho antigo, sob a ramalhada
Das mangueiras negras – trágico tropel,
As lufadas zunem, folhas secas voam,
Passos ora lentos arrastados soam,
Ora acelerados como os de um corcel.

No telhado, tetro, exagitado corre
Bando de fantasmas. Agoniza e morre
O feitor, o monstro. Flébil, aos seus ais
Em concerto o vento entremistura as vozes,
Ambos, ele e o vento, roucos e ferozes,
Resmungando a um tempo coisas infernais.

Agoniza e morre. Não vão muitos anos,
Relho em punho alçado, braços africanos
Seu furor provaram. Cafezais em flor,
Chapadões de morros, fossos e valados,
Vós que ao eito vistes tantos desgraçados,
Vós sabeis a história do cruel feitor.

Vós, talvez, ainda, rios transparentes,
Essa boca escura, num ringir de dentes,
Mastigando pragas, n'água refletis.
Era um'alma como, na paixão odienta,
No rancor acerbo tão sanguissedenta
Não a têm as feras pelos seus covis.

Tinto em sangue ainda, sem que o tempo o apague,
Sangue que corria, aos silvos do azorrague,
Dos da gente escrava peitos e ombros nus,
Tinto em sangue ainda, no terreiro erguido
Jaz o pelourinho onde o final gemido
Tantos exalaram, como numa cruz.

E ao soprar das matas, inda acaso o vento
Dos que lá, fugindo ao seu senhor violento,
De uma corda ao alto – lúgubre ascensão!
Foram pendurar-se – traz do extremo arranco
A expressão convulsa, traz seu ódio ao branco
Os gemidos traz e traz a maldição.

Agoniza o monstro. Negra, extinta raça,
Raça de cativos, tua imagem passa,
E insistente avulta ao seu olhar feroz;
Sonha ver-te ainda em aflições eternas,
Do brutal vergalho sob as sete pernas
Ou do cepo e machos no suplício atroz.

Não lhe corre n'alma (como sobre a face
De atasqueiro infecto asa que aí passasse)
O arrependimento; nem de tanto horror
Lhe vem dar rebate na consciência morta
Remordaz angústia. Mas quem bate à porta,
Quem chamando está pelo cruel feitor?

II

Passa um pé-de-vento, passa um redemoinho.

III

– "Não é nada, pai!" fala-lhe de mansinho
Moça cujos olhos têm a cor do mar;
Mais seguras fecha portas e janelas,
Espevita as chamas do oratório às velas,
E a Nossa Senhora vai ali rezar:

– "Virgem Mãe piedosa que nos alumias,
Vinte padre-nossos, vinte ave-marias,
Ajoelhada em terra desde o escurecer,
Eu te rezarei deste oratório diante,
Se a salvar-me corres este agonizante,
Se a meu pai que morre vens aqui valer."

Agoniza o monstro. Horrível agonia.
No delírio e febre, uivos da ventania
Soam-lhe aos ouvidos, como em confusão
Crebros choros surdos dos cativos, quando
Peito, espáduas, ombros ia-os retalhando,
Vendo o sangue em jorros a empoçar no chão.

Reza a filha, reza. Ele estrebucha e pena;
Vê na sombra espectro que com a mão lhe acena,
Fogaréus ardendo; o sufocante odor
Sente ao pez e enxofre. Novamente corta
Voz sinistra a noite; bate alguém à porta,
Grita alguém de fora: – "Vens ou não, feitor?"

IV

Novo pé-de-vento, novo redemoinho.

V

No telhado estriges que lá têm o ninho
Gargalhando, voam – "Não é nada, pai!
Torna a filha – Nada! ninguém 'stá lá fora!
É o tufão que passa, rodopia e chora...
Oh! maldito vento. Mas lá vai, lá vai..."

Oh! de que desvelos e ternura infinda
Se alumia o rosto à lacrimosa e linda
Moça cujos olhos têm a cor do mar!
Corre a ver de novo portas e janelas,
Espevita as chamas do oratório às velas
E de novo à Santa vai ali rezar:

– "Virgem Mãe piedosa dos desamparados,
Sobre os erros dele, sobre os seus pecados
Esses doces olhos digna-te volver!
Vinte padre-nossos, vinte ave-marias
Eu te rezarei, se as penas lhe alivias,
Se a meu pai que morre tu me vens valer!"

A Hora Negra, entanto, já no etéreo rumo
O penacho agita de neblina e fumo;
Em seu plaustro escuro, em marcha triunfal,
– Torva divindade, baixa a Meia-noite;
Nos frisões de sombras silva e estala o açoite,
Como outrora o açoite do feitor brutal.

VI

Novo pé-de-vento, novo redemoinho.

VII

Pelo rancho abrupto rompe um torvelinho,
Cambeteia e roda solto e ameaçador;
Vêm de pronto abaixo portas e janelas,
Sopro irado apaga no oratório as velas,
Reina em tudo espanto, confusão, horror!

Morre o monstro, e a alma, sem que lhe valesses,
Moça de olhos verdes, tu com as tuas preces,
Em fumaça e poeira pelos ares sai,
De blasfêmias e uivos forma o seu lamento,
Em blasfêmias e uivos vai com o pé-de-vento,
Vai com o redemoinho que lá vai... Lá vai!

ALMA EM FLOR

PRIMEIRO CANTO

(Fragmentos)

I

Foi... Não me lembra bem que idade eu tinha,
    Se quinze anos ou mais;
Creio que só quinze anos... Foi aí fora
    Numa fazenda antiga,
    Com o seu engenho e as alas
    De rústicas senzalas,
    Seu extenso terreiro,
Seu campo verde e verdes canaviais.
Era... Também o mês esquece agora
    À infiel memória minha!
Maio... junho... não sei se julho diga,
Julho ou agosto. Sei que havia o cheiro
    Do sassafrás em flor;
Sei que era o céu azul, e a mesma cor
Sorria num gradil de trepadeiras;
Sei que era ao tempo em que na serra, além,
Cor-de-rosa se tornam as paineiras
De tanta flor que cor-de-rosa têm.

II

Sei que um perfume intenso em tudo havia.
Era, enfeitada e nova, a laranjeira,
E o pomar verde pela vez primeira
Florido; era na agreste serrania,

Com os botões de ouro e a espata luzidia
Rachando ao sol, a tropical palmeira;
Era o sertão, era a floresta inteira
Que em corimbos, festões e luz se abria.

Sei que um frêmito de asas multicores
Se ouvia. Eram insetos aos cardumes
A rebolir, fosforeando no ar.

Era a Criação toda, aves e flores,
Flores e sol, e astros e vaga-lumes
A amar... a amar... E que ânsia em mim de amar!

III

Que ânsia de amar! E tudo a amar me ensina;
A fecunda lição decoro atento.
Já com liames de fogo ao pensamento
Incoercível desejo ata e domina.

Em vão procuro espairecer ao vento,
Olhando o céu, os morros, a campina.
Escalda-me a cabeça e desatina,
Bate-me o coração como em tormento.

E à noite, ai! como em mal sofreado anseio,
Por ela, a ainda velada, a misteriosa
Mulher, que nem conheço, aflito chamo!

E sorrindo-me, ardente e vaporosa,
Sinto-a vir (vem em sonho) une-me ao seio,
Junta o rosto ao meu rosto e diz-me: – Eu te amo!

VI

Mas continuava ininterruptamente
A chuva. Em lamaçais com as enxurradas
E em peraus fundos mudam-se as estradas.
Fala-se de barreiras e de enchente.

Pelas vidraças largas e molhadas
Eu, preso em casa, olho estupidamente.
Raros viajantes na campina em frente
Passam com as botas altas enlameadas.

Quando o lampião se acende e em torno à mesa
Ficamos todos, que aborrecimento!
Bocejo, prostra-me uma inércia infinda...

E aos que entendem de tempo, chuva e vento,
Ouço, esmagado de mortal tristeza,
Que a lua é nova, e vai chover ainda.

VII

Que noite! O coração mal o contenho,
Salta, pula-me, pulsa e o peito abala.
Só, com os meus planos vãos que no ar desenho,
Passeio ao longo da comprida sala.

Dorme a fazenda. Nem uma senzala
Vozeia aberta. Emudeceu o engenho,
E no roer surdo com que o milho rala,
O moinho monótono e roufenho.

Ah! dorme tudo, e eu velo e sofro! E louca,
Ó alma apaixonada, este impassível
Céu, por que o tempo aclare, aflita imprecas;

E a responder-te ouves apenas, rouca,
Crebra, arrastada, em seu ran-ran horrível,
A algazarra dos sapos nas charnecas.

X

Foi, talvez, nessa hora
– Como em chão virgem nascem num só dia
Duas flores irmãs, que, flor e flor,
Ao tempo em que acordava para o Amor,
Eu acordei também para a Poesia.

XI

Chegou, mas tarde. Eu despertei, sentindo
Aos animais o tropear lá fora,
E os passos apressados àquela hora
De pessoas de casa a porta abrindo.

Soergui-me na cama... Ó sonho lindo,
Tardavas tanto! – E alucinado, agora
Que ela até à sala vem, fico a sonora
Triunfal entrada ao seu roupão ouvindo.

Dela essa noite apenas pude ansioso
A voz lhe conhecer que sorvo atento,
E o rugir do arrastar de seus vestidos;

E dessa música ao divino acento
Readormeço, trêmulo de gozo,
Ébrios de ouvi-la e cheios os ouvidos.

SEGUNDO CANTO

(Fragmentos)

II

Apareceu. Que sobressalto ao vê-la!
Leve saia de cassa, à trança escura
Uma flor. Mal contendo íntimo abalo,
 Ouço a apresentação:
– A prima Laura...
 Ela me encara, fita
No meu o olhar, e a mão, suprema dita!
Me estende. Aperto-lhe a tremer a mão.

III

Não direi mostre ao sol o cardo agreste
 Fruto menos corado
Que o seu lábio; que a estrela vespertina,
 No páramo azulado,
Confrontada com o olhar que me domina,
De menos vida e menos luz se veste;
Não direi ainda está para que nasça
Lírio de neve igual à desse colo,
Ou entre as neves de longínquo pólo
Neve que escura fique ante essa alvura;
Não direi do coqueiro que sem graça

É o porte airoso, a se aprumar na altura,
    Se eu ao dela o comparo;
Que a pluma leve e aérea em flecha esguia
É menos que o seu corpo aérea e leve;
    Não direi tenha a lua
    Pelo céu alto e claro
    Mais divina poesia,
Mais suave languidez que essa tristeza
    (Amorosa, não sei)
Que essa tristeza que se lhe insinua
    No olhar... Nada direi,
    Porque ninguém se atreve
A descrever a máxima beleza,
    Porque a beleza sua
    Não se descreve.

IV

Quis ver, depois de rápido passeio,
    Moer o engenho. Segui-a.
Pesada porta para o campo abria.
Verde, a perder de vista, em várzea expanso,
Verde, a ondular à viração de manso,
    É um mar o canavial.

Da estrada entre os recortes dos barrancos
Roxos ou rubros, restrugia em cheio
Dos carros, a cambar aos solavancos,
    O hino triunfal.

Ao pé das tachas, de onde a quando e quando,
No fervor forte, desflorando a espuma,
Brota um bafo enjoativo, ela curiosa
Detém-se, e do trabalho a cena bruta,
    O estrépito da luta,
Vida do engenho e movimento goza.
Fulva flameja férvida fornalha
Que as caldeiras de cobre aquece e afuma;
Aceleradamente trabalhando,
    A máquina farfalha.

Eu olho apenas Laura, o olhar lhe espreito,
    E quem meu rosto observe,
    Há de ver, como vejo,
Que me enche o fogo vivo de um desejo,
E a tumultuar-me, a ressaltar no peito,
Meu coração, como essas tachas, ferve.

VI

Em torno à mesa que ante nós se estende,
Reunimo-nos todos, conversando,
Quando escurece, em vindo a noite, quando
O lampião grande, como um sol, se acende.

Nada, porém, ali me encanta e prende,
A não ser, bem que o sinto! o úmido e brando
Volver dos olhos dela, onde, brincando,
Amor que os fez, mostra que a amar se aprende.

Mas os olhos não só, que os meus, de cego,
Baixo às vezes, vencido de cansaço,
De tanto fluido e tal clarão ferido,

E longamente e extático os emprego
Em ver-lhe o claro mármore do braço
Nu destacar na manga do vestido.

VIII

Contai, arcos da ponte, ondas do rio,
Balças em flor, lírios das ribanceiras,
O enlevo meu... Das curvas ingazeiras
Cerrado arqueia-se o dossel sombrio.

Arde o sol pelo campo, onde o bravio
Gado se dessedenta nas ribeiras;
À beira d'água, como em desafio,
Cantam, batendo roupa, as lavadeiras.

Eu... Ponte, rio, flores, balças, tudo,
Eu, junto a vós, embevecido e mudo...
(Aquelas horas de êxtase contai-as!)

Eu, como que num fluido estranho imerso,
Faço, talvez, o meu primeiro verso,
Vendo corar ao sol as suas saias.

X

Uma noite (Até ali nunca o proveito
Alcançara de a ver: a alcova escura
Mostravas sempre, bronca fechadura!)
Pé ante pé, à porta chego. Espreito.

Havia luz. O olhar melhor ajeito.
Tenda piramidal, em toda a altura
Flácido escorre o cortinado. A alvura
Eis de seu leito. Mas vazio o leito!

Súbito um rugir seco a alcova corta;
Súbito e quase nua ela aparece...
Mal pude ver-lhe a saia em desalinho!

A luz se apaga. E o ouvido agora à porta,
Em vez dos olhos, farta-se e estremece
De a ouvir mexer-se entre os lençóis de linho.

XI

Ouvi-lhe um dia (Acode-me à lembrança
O quadro: ela se achava a sós comigo
Olhando a tarde do mirante antigo,
De onde o extremo horizonte a vista alcança.

Eu ora uma ave no ar com os olhos sigo,
Ora lhe sigo o voar da leve trança)
Ouvi-lhe: – "Se não fosses tão criança,
Era capaz de me casar contigo!"

Frase cruel! Ah! como a repisava
Dia por dia o coração ansioso!
E a sós no quarto, que impaciência a minha,

Quando, no espelho os olhos, eu notava
Como inda longe, incerto, vagaroso
Meu buço de homem despontando vinha!

XII

Flores azuis, e tão azuis! aquelas
Que numa volta do caminho havia,
Lá para o fim do campo, onde em singelas
Brancas boninas o sertão se abria.

À ramagem viçosa, alta e sombria,
Presas, que azuis e vívidas e belas!
Um coro surdo e múrmuro zumbia
De asas de toda espécie em torno delas.

Nesses dias azuis ali vividos,
Elas, azuis, azuis sempre lá estavam,
Azuis do azul dos céus de azul vestidos;

Tão azuis, que essa idade há muito é finda,
Como findos os sonhos que a encantavam,
E eu do tempo através vejo-as ainda!

TERCEIRO CANTO

(Fragmentos)

IX

Perco-me entre os cipós longos, tecidos.
Uns balouçam das árvores pendentes,
Outros no chão rojam, e retorcidos
Se enlaçam como inúmeras serpentes.

Roçam-me os pés, fogem espavoridos,
Sinto-os! verdes lagartos, repelentes
Cobras, e um ruído assombra-me os ouvidos,
Um ruído seco de ranger de dentes.

Logo abala a floresta estrondo horrendo.
Que foi? Passou. Restruge ainda da serra
O côncavo ferido... Deus me guarde!

Rezo, mal balbucio... E aflito, e vendo
Maior a solidão, caio por terra
E desato a chorar como um cobarde.

X

Do cipoal torso, enfim, desato os laços,
E a lugar chego tão deserto e bruto,
Tão silencioso que dos próprios passos,
Dos passos meus é todo o som que escuto.

Grandes, soberbas árvores se alteiam,
E a prumo os troncos, a ramada informe
Lá em cima arqueada em cúpula, vozeiam
Com um som de rezas por igreja enorme.

– Estou perdido! estou perdido! exclamo.
Nisto estremeço com ligeiro assombro:
Ao pé de mim ouço o estalar de um ramo
E um homem surge de espingarda ao ombro.

Fita de couro o peito lhe traspassa
E um polvarinho e saquitel suporta:
É um caçador, – traz por troféu de caça,
Pendente à cinta uma araponga morta.

Peço-lhe suplicante da floresta
Me ensine o rumo à cajazeira amiga;
– E água? – Água, aqui! Olhe, a que bebo é desta!
Uns gravatás numa pedreira antiga

Mostra. Abre as folhas: a água rebrilhando
Lá está; mais pura não na chove o Estio,
– Água de caçador que em torno olhando
O chão do bosque, não na vê de rio.

XII

Chego. Ela estava meio reclinada
Das trepadeiras sobre a laçaria,
Olhos cerrados, boca entrecerrada,
Parecia dormir. Talvez dormia.

Pousa-lhe ao pé, na desatada trança
Pousa-lhe e brinca buliçosa e bela
Trêmula borboleta, e assim tão mansa,
Guardar parece o leve sono dela.

Oh! não me há de esquecer nunca esta imagem
Que adormecida via ali tão perto,
Destacando na sombra da folhagem,
Na rústica moldura do deserto!

Aproximei-me. O chão que piso estala
Sob os meus pés; os lábios ressequidos
Sinto. Paro um momento a contemplá-la.
Queima-me a fronte, zunem-me os ouvidos.

Ato as mãos ao receio que, desperta
E zangada por ver tanta ousadia,
Não vá ficar com um beijo quem dormia...
E um beijo dou-lhe na boquinha aberta.

Ah! foi um beijo apenas! mas um beijo
Em que sequiosa se me extravasava
A alma toda, a alma toda e o meu desejo,
Com o calor forte em que a floresta estuava.

Foi apenas um beijo. Ela estremece,
Acorda e diz-me: (arde-lhe a face em brasa
E a expressão indignada me parece)
– Deixa-te estar que hei de contar em casa!

Caio-lhe aos pés, tomo-lhe as pequeninas
Mãos que com a chuva de meus prantos roro;
Não houve nunca um choro de resinas
Tão grande como as lágrimas que choro.

– Ficas aí? disse-me ainda. – Vamos!
E ei-la deita a correr. Sigo após ela.
Desvia os ramos. Eu desvio os ramos.
À cancela chegou. Chego à cancela.

No campo entramos, ela à minha frente
Sempre a correr. Ao pé do rio a vala
Salta. A vala saltei. Quase alcançá-la
Então consigo. Alcanço-a, finalmente.

Já na varanda. – Escuta – suplicante
Falo-lhe à meia voz – não digas nada!
Ela faz um muxoxo, passa adiante,
E desapareceu subindo a escada.

XIV

Depois… Um dia, choros na varanda.
Chego e a vejo a cavalo, o véu descido,
Um chicotinho à mão, e o seu comprido
Roupão que ajeita no selim de banda.

– Adeus! dizem-lhe adeus. Ela com o lenço
Acena, e parte. Oh! desespero imenso!

Parte, lá vai! E quando ao fim da estrada,
Longe, a chorosa e trêmula cancela
Bate, bate-me n'alma essa pancada,
E alto me ponho a soluçar por Ela!

XV

Depois... Horas da tarde, há quem vos diga,
Há quem vos pinte a singular tristeza,
Com que passáveis, dando à Natureza
A impressão funda de uma dor antiga?

De vós me veio em tão distante idade
Esta contemplação do espaço triste
Do pôr-do-sol! De vós me veio e existe
Perpétuo n'alma o culto da saudade!

Como *doíeis* sob o pó dourado
Que o Ocaso peneirava! nos sombrios
Céus! no brilho metálico dos rios,
E em fumo e sombras pelo descampado!

Dizei a angústia em que eu me debatia
Quando, de uma janela ao canto posto,
Só com o meu sonho, em lágrimas o rosto,
Eu vos falava ao desmaiar do dia!

Ai! coitado de mim nesses momentos,
Tendo a agravar-me a dor que tinha n'alma,
O vosso peso, Horas da tarde calma!
O sofrer vosso, Horas de sofrimentos!

Dizei por que meu longo olhar se perde,
Menos nas nuvens, menos no alto monte,
Do que na linha extrema do horizonte,
Que limita a extensão do campo verde...

XVI

Depois... Não a vi mais. Existe ainda?
Exista ou não, a nossa história é finda.

XVII

Parado o engenho, extintas as senzalas,
Sem mais senhor, existe inda a fazenda,
A envidraçada casa de vivenda
Entregue ao tempo com as desertas salas.

Se ali penetras, vês em cada fenda
Verdear o musgo e ouves, se acaso falas,
Soturnos ecos e o roçar das alas
De atros morcegos em revoada horrenda.

Ama o luar, entretanto, essas ruínas.
Uma noite, horas mortas, de passagem
Eu a varanda olhava, quando vejo

À janela da frente, entre cortinas
De prata e luz, chegar saudosa imagem
E, unindo os dedos, atirar-me um beijo...

POESIAS,
3ª SÉRIE
(1913)

SOL DE VERÃO

A CIGARRA DA CHÁCARA

Volta a cantar no tronco da mangueira,
Mais corpulenta agora e mais sombria,
Esta mesma cigarra cantadeira,
Que o ano passado eu tanta vez ouvia.

Ébria dos quentes raios da soalheira,
A pompa sideral do meio-dia
Celebra, e enquanto a luz abrasa, e cheira
O mato verde, chia! chia! chia!

Canta, alma de ouro! Teu verão radiante
Tornou, tornou teu sol glorioso e lindo;
O meu declina, não quer mais que eu cante.

Oh! como invejo este hino alto e canoro
Que, reiterado, entoa ali, zinindo,
A cigarra da chácara onde moro!

CAMINHO DA VIDA

Eis do meu caminho andando
Um trecho. Recordo-o bem.

Vou. Acompanha-me, ao lado,
Um sonho, uma névoa, alguém...

Estrada de sol batida,
E que sol de amanhecer!
Sol como aquele, na vida
Não vi mais, não hei de ver!

Árvore verde à distância
Com os pomos de ouro a acenar,
Nos faz – tem asas a infância,
Alados e unidos voar.

As asas dela, entretanto,
São mais leves; e ela, assim,
Mais alto vai, sobe tanto
Que em breve é longe de mim.

Longe... longe... E sempre voando,
Foi em direitura ao céu.
Em vão a fiquei chamando,
Em vão! Desapareceu.

Depois, só, no descampado,
Eu inda a ver se ela vem...

Tal do meu caminho andado
O trecho. Recordo-o bem.

VELHICE FELIZ

I

Uma vez, pouco além dos campos de Itaipava,
Vi, passando, uma choça à beira do caminho,
Ao pé de cuja porta, a olhar o céu, estava
   Assentado um velhinho.

Parecia não ter amigos nem parentes
Naquele sítio. Um cão, por toda companhia,
Alongado o focinho, as orelhas pendentes,
   Em seus joelhos dormia.

Era ao entrar do sol, hora solene, e ainda
Mais solene, se em ermo, ou d'alma, ou natureza,
Quando nesta ou naquela a sombra cai, e infinda
   Cai com a sombra a tristeza.

Mas sem embargo da hora, àquele ancião o rosto
Ameigava uma doce alma tranqüilidade;
Não lhe notáreis nele apreensão ou desgosto,
   Mas apenas saudade.

II

Quisera assim me fosse este final de vida.
Longe daqui, talvez pudera a solidão
Dar-me um pouco de paz à alma desiludida,
Fortalecer-me um pouco o exausto coração.

Bastara-me a este fim, menos que a choça estreita
Do campônio feliz, a sombra de algum monte,
De onde me fosse dado ao sol quando se deita
Ver no extremo horizonte.

Lá, deixando aqui tudo, inda um resto de gozo,
E uma ou outra afeição, preparara-me, enfim,
Solto de enganos maus, para o grande repouso,
Sentindo despertar a crença dentro em mim.

Lá fizera a oração, como a entendo, rezada
Fora de templo, e altar, o que ora é vã porfia:
Ver em tanto caminho errado, a única estrada
Que à verdade nos guia.

O olhar do céu, olhar piedoso que concede
Deus a tudo o que vive, homem, pássaro, flor,
Como um rio do azul, lá me matara a sede,
E o amor de todo ser – fora o meu grande amor.

SOLIDÃO

Vês? estou só! E a vida aqui chega a seu termo.
Já com o sol que se põe se alonga no caminho
A sombra do viajor que fui, por tanto espinho,
E maior, com o ermo d'alma, é destas cousas o ermo.

Pára-me o coração e o punge a mágoa, a encher-mo,
De haver amado em vão e de morrer sozinho.
Nem um sorriso! um beijo! um olhar! um carinho!
Só e a esvair-se em sangue e a exulcerar-se enfermo!

Só! E em breve caindo, ao despertar em breve,
Verei, a acompanhar-me, a tua sombra leve,
Uniremos, enfim, as almas imortais?

Oh! que horror, se, ao chegar ao torvo Ignoto um dia,
Outra és tu, se te abraço – e te acho esquiva e fria,
Se te falo e segredo – e não me entendas mais!

CÉU NOTURNO

HORAS MORTAS

Breve momento, após comprido dia
De incômodos, de penas, de cansaço,
Inda o corpo a sentir quebrado e lasso,
Posso a ti me entregar, doce Poesia.

Desta janela aberta à luz tardia
Do luar em cheio a clarear no espaço,
Vejo-te vir, ouço-te o leve passo
Na transparência azul da noite fria.

Chegas. O ósculo teu me vivifica.
Mas é tão tarde! Rápido flutuas,
Tornando logo à etérea imensidade;

E na mesa a que escrevo, apenas fica
Sobre o papel – rastro das asas tuas,
Um verso, um pensamento, uma saudade.

MARÉ DE EQUINÓCIO

(À morte de Haydée)

Não foi a água do mar que, num descuido,
A arrebatou no banho, em manhã fria.
Vede que é lua, corre em tudo um fluido,
Reluz a praia, aviva-se a ardentia.

Foi a alma da maré que ao vê-la, cuido,
Da caverna marítima sombria
Saiu, largada a trança de ouro fluido,
E treda e linda a lhe acenar, sorria.

Foi ela que a levou; não na choremos!
Não morreu, não! Vai, como em branda sesta,
Longe, embalada em seu batel sem remos;

Solto o cabelo à flor da espádua nua,
Vai à festa das águas, vai à festa
Que faz com as vagas no alto mar a lua.

CHEIRO DE ESPÁDUA

"Quando a valsa acabou, veio à janela,
Sentou-se. O leque abriu. Sorria e arfava.
Eu, viração da noite, a essa hora entrava
E estaquei, vendo-a decotada e bela.

Eram os ombros, era a espádua, aquela
Carne rosada um mimo! A arder na lava
De improvisa paixão, eu, que a beijava,
Hauri sequiosa toda a essência dela!

Deixei-a, porque a vi mais tarde, oh! ciúme!
Sair velada da mantilha. A esteira
Sigo, até que a perdi, de seu perfume.

E agora, que se foi, lembrando-a ainda,
Sinto que à luz do luar nas folhas, cheira
Este ar da noite àquela espádua linda!"

VIGÍLIA

Apagou-se a última estrela,
Clareia o céu, nasce o dia;
E inda aguardo da janela
Sonhada visão tardia.

Não veio. Não virá mais!

Inda a febre me consome,
À fronte o sangue me corre;
Inda repito o seu nome
Diante da noite que morre.

Frescas auras matinais,

Róseo alvorecer tão lindo,
Barra de fogo do Oriente,
Luz sobre as serras nascente,
Orvalhos que estais caindo,

Aves que acordando estais,

Piedade! esperai... Se viesse...
Mas em cantos festivais
Assoma o sol, aparece!
Não veio. Não virá mais!

ALMA DAS COUSAS

FLORESTA CONVULSA

Floresta de altas árvores, escuta:
Em minha dor vim conversar contigo.
Como no seio do melhor amigo,
Descanso aqui de tormentosa luta.

Troncos da solidão intacta e bruta,
Sabei... Ah! que, porém, como em castigo
Vos estorceis, e o som do que vos digo
Vai morrer longe em solitária gruta.

Que tendes, vegetais? remorso?... crime?...
Açoita-vos o vento, como um bando
De fúrias e anjos maus, que nós não vemos?

Mas explicai-vos ou primeiro ouvi-me,
Que a um tempo assim braceando, assim gritando,
Assim chorando, não nos entendemos.

RIMAS VÁRIAS

Um canto ainda, antes que a noite desça
E este sol, que é o da vida, apague e suma!
A árvore, antiga embora, inda ressuma
Cheiroso bálsamo, e talvez floresça.

Que importa já me alveje na cabeça
Neve dos anos, como em cerro a bruma?
A alma me vai no canto, como a espuma
Na vaga, até que ao sol desapareça.

Ainda um canto! e vá no canto a vida,
Vão os meus sonhos mortos e a perdida
Morta esperança, a flutuar dispersos;

Como cansado arbusto os ares olha,
Sem mais ver primavera, e folha a folha
Se esfaz em folhas, – eu me esfaço em versos.

GRAVIDADE

Do alto do Sambê

Rola daqui lá embaixo a pedra desgalgada,
Rola a árvore, do norte à aspérrima rajada,
E a água que o céu chorou ou das entranhas vem
Da montanha, em caudais vai lá rolar também.
E água, e árvore e pedra, em sucessivas lutas,
Troando de tombo em tombo em declives e grutas,
Vão no vale dormir e afinal descansar.

Pudesses, minha dor, também daqui rolar!

TEMPO PERDIDO

Ai! amamo-nos tanto! E eis que te esqueço.
E tu me esqueces! Ilusões, enganos!
Já lá se vão passados tantos anos!
Não me conheces mais, nem te conheço.

E houve de nossa parte, em tais extremos,
Juras e juras de um amor sem fim...
Foram-se amor e juras que fizemos.

Valia a pena haver amado assim?

PASTORES

Zagala, de zagais na rústica família,
Se Teócrito eu leio ou Bernardim Ribeiro,
Sonho-te, a pastorear ao sol o dia inteiro.
Chamam-te em tua aldeia Aônia, ou Dafne, ou Lília.

Ao pé de anoso tronco, olmo, carvalho ou tília,
Cismas, a ouvir com a tarde, em modular ligeiro,
Nas quebradas do monte, às mãos do pegureiro,
Sanfonina do Tejo ou flauta da Sicília.

E sonho-me eu também em meio dos pastores.
Menalcas é o meu nome, ou Jano, ou Tirses. Canto
E cajado e surrão às plantas te deponho.

Enastrado por ti o meu rabel de flores,
Em contendas me travo a celebrar-te o encanto.
Oh! tempos que lá vão! oh! vida antiga!... oh! sonho!

POESIAS,
4ª SÉRIE
(1927)

Agora é tarde para novo rumo
Dar ao sequioso espírito; outra via
Não terei de mostrar-lhe e à fantasia
Além desta em que peno e me consumo.

Aí, de sol nascente a sol a prumo,
Deste ao declínio e ao desmaiar do dia,
Tenho ido empós do ideal que me alumia,
A lidar com o que é vão, é sonho, é fumo.

Aí me hei de ficar até cansado
Cair, inda abençoando o doce e amigo
Instrumento em que canto e a alma me encerra;

Abençoando-o por sempre andar comigo
E bem ou mal, aos versos me haver dado
Um raio do esplendor de minha terra.

ALMA E CÉU

RAUSO

Para o Sol receber na luz primeira,
Noiva do Sol, – como em festiva sala,
Noiva de Rei – toda era viço e gala
No pomar verde a verde laranjeira.

Lidaram sem descanso a noite inteira
Mãos de invisíveis aias a alfaiá-la;
Brando queixume a alma impaciente exala,
O véu de núpcias rumoreja e cheira.

Espera. Eis que, porém, de encontro ao seio
O vento a enlaça, a beija, a envolve toda,
Redemoinhando em súbita rajada.

E quando o Sol para esposá-la veio,
Quase despida a viu. Voavam-lhe em roda
As flores da coroa desfolhada...

CÉU FLUMINENSE

Chamas-me a ver os céus de outros países,
Também claros, azuis ou de ígneas cores,
Mas não violentos, não abrasadores
Como este, bárbaro e implacável, – dizes.

O céu que ofendes e de que maldizes,
Basta-me entanto: amo-o com os seus fulgores,
Amam-no poetas, amam-no pintores,
Os que vivem do sonho, e os infelizes.

Desde a infância, as mãos postas, ajoelhado,
Rezando ao pé de minha mãe, que o vejo.
Segue-me sempre... E ora da vida ao fim,

Em vindo o último sono, é meu desejo
Tê-lo sereno assim, todo estrelado,
Ou todo sol, aberto sobre mim.

S

Só a letra inicial, o S do nome dela
Me ficou na memória e aí se move e agita.
Susana acaso? não. Acaso Serafita?
Sofia? Também não. Acaso Sílvia? Stela...

Não sei. Passou-me. Entanto, esse S me revela
A que se foi, reencarna-a e quase a ressuscita;
Dá-lhe as ondulações do seio que palpita,
Dá-lhe os soltos anéis da coma escura e bela.

Dá-lhe do corpo, como as vi, entre as cortinas
De uma sala de baile, as curvas serpentinas
Rebolindo-se à luz; dá-lhe a sinuosidade

Do vestido no longo arrasto... Em minha mente
Essa linhas sutis se esfumam suavemente
No S de um grande Sonho e um S de Saudade.

FLOR DE CAVERNA

Fica às vezes em nós um verso a que a ventura
Não é dada jamais de ver a luz do dia;
Fragmento de expressão de idéia fugidia,
Do pélago interior bóia na vaga escura.

Sós o ouvimos conosco; à meia voz murmura,
Vindo-nos da consciência a flux, lá da sombria
Profundeza da mente, onde erra e se enfastia,
Cantando, a distrair os ócios da clausura.

Da alma, qual por janela aberta par e par,
Outros livres se vão, voejando cento e cento
Ao sol, à vida, à glória e aplausos. Este não.

Este aí jaz entaipado, este aí jaz a esperar
Morra, volvendo ao nada, – embrião de pensamento
Abafado em si mesmo e em sua escuridão.

VESTÍGIOS DIVINOS

(Na Serra de Marumbi)

Houve deuses aqui, se não me engano;
Novo Olimpo talvez aqui fulgia;
Zeus agastava-se, Afrodite ria,
Juno toda era orgulho e ciúme insano.

Nos arredores, na montanha ou plano,
Diana caçava, Actéon a perseguia.
Espalhados na bruta serrania,
Inda há uns restos da forja de Vulcano.

Por toda esta extensíssima campina
Andaram Faunos, Náiades e as Graças,
E em banquete se uniu a grei divina.

Os convivas pagãos ainda hoje os topas
Mudados em pinheiros, como taças,
No hurra festivo erguendo no ar as copas.

VELHICE

Velhice! – "Amigo, diz-me um amigo,
    Diz, e é verdade:
Sabe que a boa idade é a última idade,
E és bem feliz de envelhecer comigo.
Poucos vingam o cimo em que ora estamos;
Árvores altas, não nos toca os ramos
O sopro mau que aí embaixo as mais agita.
    Bendita e rebendita
A idade austera e nobre a que chegamos."
    Diz, e é verdade...
    Mas que saudade
Das horas loucas da mocidade!

Velhice! – "Amigo, diz inda o amigo,
    Diz, e é verdade:
Há nada igual a esta serenidade?
Fora de nós o amor tredo e inimigo,
Vemos que longe indômita rebenta
E rola em mar de nuvens a tormenta.
Tudo aqui em cima é paz, calma infinita...
    Bendita e rebendita
Seja a velhice de paixões isenta!"
    Diz, e é verdade...
    Mas que saudade
Daquelas nuvens de tempestade!

CÂMARA ARDENTE

A CASA DA RUA ABÍLIO

A casa que foi minha, hoje é casa de Deus.
Traz no topo uma cruz. Ali vivi com os meus,
Ali nasceu meu filho; ali, só, na orfandade
Fiquei de um grande amor. Às vezes a cidade

Deixo e vou vê-la em meio aos altos muros seus.
Sai de lá uma prece, elevando-se aos céus;
São as freiras rezando. Entre os ferros da grade,
Espreitando o interior, olha a minha saudade.

Um sussurro também, como esse, em sons dispersos,
Ouvia não há muito a casa. Eram meus versos.
De alguns talvez ainda os ecos falarão,

E em seu surto, a buscar o eternamente belo,
Misturados à voz das monjas do Carmelo,
Subirão até Deus nas asas da oração.

EXCELSITUDE

Chegaste onde chegar nem pode o pensamento.
Eu que te vi partir, eu me deixei sozinho
Ficar, amando ainda este chão de caminho,
Onde há a pedra, onde há a serpe, o tojo, a chuva e o vento.

Prenda-me agora, mais que a terra, o firmamento;
O que inda há por sofrer, sofra, a falar baixinho
Com as estrelas; rasteje humilhado e mesquinho
Aos pés de cada altar; só meu gozo e alimento

Seja a oração; deserte o mundo; ermado e triste,
Viva só para a Fé, e ai! só para a Saudade;
Nunca me hei de elevar à altura a que subiste!

Nunca mais te hei de ver! Entre nós ambos corre,
A extremar-te de mim, a tua eternidade,
A extremar-me de ti, tudo o que é humano e morre.

RAMO DE ÁRVORE

VAGA-LUME

Como te vais, noctâmbulo vivente,
Errando a medo e a sós pela espessura,
Vou eu também por minha selva escura,
Que mal de em torno a vista me consente.

Guia-te externa luz fosforescente,
Interna luz a mim, tranqüila e pura;
Tu de um bem, que antevês, vais à procura,
Buscando um, que perdi, vou igualmente.

Peço e pede comigo que serenas
Horas, propício sempre, o céu nos traga;
Passem longe infortúnio e ventania.

Em meio à escuridão e a tantas penas,
Ai de ti, se a lanterna se te apaga!
Ai de mim, se a razão não me alumia!

CRESCENTE DE AGOSTO

Alteia-se no azul aos poucos o crescente,
O ar embalsama, os cirros leva, o escuro afasta;
Vasto, de extremo a extremo, enche a alameda vasta
E emborca a urna de luz nas águas da corrente.

Na escumilha da teia, onde a aranha indolente
Dorme, feita de orvalho, uma pérola engasta.
Faz aos lírios mais branca a flor cetínea e casta,
Mais brancos os jasmins e a murta redolente.

Faz chorar um violão lá não sei onde... (A ouvi-lo,
Na calada da noite um não sei quê me invade)
Faz que haja em tudo um como estranho espasmo e enlevo;

Faz as coisas rezar, ao seu clarão tranqüilo,
Faz nascer dentro em mim uma grande saudade,
Faz nascer da saudade estes versos que escrevo.

A ALMA DOS VINTE ANOS

A alma dos meus vinte anos noutro dia
Senti volver-me ao peito, e pondo fora
A outra, a enferma, que lá dentro mora,
Ria em meus lábios, em meus olhos ria.

Achava-me ao teu lado então, Luzia,
E da idade que tens na mesma aurora;
A tudo o que já fui, tornava agora,
Tudo o que ora não sou, me renascia.

Ressenti da paixão primeira e ardente
A febre, ressurgiu-me o amor antigo
Com os seus desvairos e com os seus enganos...

Mas ah! quando te foste, novamente
A alma de hoje tornou a ser comigo,
E foi contigo a alma dos meus vinte anos.

O CAMINHO DO MORRO

Guiava à casa do morro, em voltas, o caminho,
Até lhe ir esbarrar com as orlas do terreiro;
Dava-lhe o doce ingá, rachado ao sol, o cheiro,
E um rumor de maré o cafezal vizinho.

Quanta vez o subi, buscando a um guaxe o ninho,
Ou, saltando, o desci com o regato ligeiro,
Para voar num balanço, embaixo, o dia inteiro,
E ver girar, zonzando, as asas de um moinho!

De setembro até março uma colcha de flores
Tapetava-o. Reluz-lhe em poças de água o céu;
Das folhas sobre o saibro os orvalhos escorrem...

Mas morreram na casa, em cima, os moradores,
Morreu, caindo, a casa, o moinho morreu,
O caminho morreu... Até os caminhos morrem!

ALMAS SOFREDORAS

I

A FUMAÇA DA FÁBRICA

Em escuro pendão, da fábrica a fumaça
Sobe, e fala, talvez, ondeando no ar vazio:
– "Belo é o trabalho, mas a recompensa é escassa
E escasso é o pão, o lar é pobre, e há fome, e há frio...

Destes malhos brutais mesclado aos ecos passa
Um gemido de dor; a cada rodopio
De polés ou moitões uma queixa se enlaça,
E uma súplica aos céus, dali partida, envio.

O fogo de onde vim, aí dentro, em cada rosto
Ressalta amargo transe, alumia um desgosto...
Com que vagar, porém, hoje me aprumo e elevo!

Estranho mal-estar, como um torpor, me invade...
Deve ser deste ar frio o peso da umidade,
Da umidade... se não das lágrimas que levo."

II

O FERREIRO

Dizem que é fúria de vingança aquela
Em que lida o ferreiro, e não descansa;
Odiento nome acode-lhe à lembrança,
E a imagem da mulher pérfida e bela.

Pensando a um tempo "nele", o monstro! e nela,
Trabalha e, trabalhando, urde a vingança.
Como seus olhos, mil faíscas lança
A forja, e a noite da oficina estrela.

Rijo como o seu braço (Ah! se ele a casa
Me torna! ruge com sombrio aspeito)
Rebate o malho na bigorna bronca;

Como seu sangue – clarão quente abrasa
Tudo ali derredor; – como seu peito,
Inchado e enorme o fole arqueja e ronca.

IRONIA

De cima a baixo a lâmina brilhante
Da vidraça estalou. E o vidro, agora
Fendido ao meio, espia o céu cá fora,
Com o olhar partido em dois, pisco, hesitante...

Não sei o que secreto e lancinante
Ali se esconde, – alma talvez que chora
E num esgar se estorce aflita, embora
A serena aparência do semblante.

Brinca-lhe o sol à face, a aura lhe adeja,
E o vidro, sem que alguém lhe ouça um gemido
Ou o sofrer recôndito lhe veja,

Mudo, irônico, frio e incompreendido,
Cortando anavalhado a luz que o beija,
Parece estar-se a rir de estar ferido.

VELAS AO VENTO

I

MASTRO VIAJANTE

De um céu sem manchas sobre um mar sem bruma
Cai toda a luz do sol. Desferra o pano,
Rangendo, a nau e vai sulcando o oceano,
Fica-lhe atrás – monstruosa cauda – a espuma.

Ermos de espaço e de águas, sem nenhuma
Outra vela. De pé, no salso plano,
O longo mastro, a interrogar o arcano
Do horizonte infinito, alto se apruma.

Que bom com um dia assim deixar a terra,
Ir-se da vida! e a um sol assim tão puro,
Buscar assim o Além que nos aterra!

Em vez de ir, qual se vai – barco sem rastro,
Dentro de esquife escuro, em mar escuro,
Das ondas à mercê – tombado mastro...

II

BEIJO DE ESPUMA

Desta costa, onde só de toda Natureza
Há o mar, a praia brava e umas rochas, sem porto
Ou angra a que o levar, flutuando com o seu morto,
Veio a nau arribar à inóspita aspereza.

Mas ringiu descosida e espedaçou-se, presa
Do temporal. Lançado em terra, sem conforto,
Jaz o náufrago. Ao pé, olha-o penedo absorto.
Ressona horrendo o pego em sua profundeza.

E a água do mar, a quem, no último ansiar da vida,
Confiou, talvez, o morto um segredo profundo,
Descobrindo-lhe o rosto, entre os limos da fraga,

– "Quero, longe do mundo, à dor desconhecida
– Lhe diz – preito render, que não conhece o mundo."
E dá-lhe a soluçar o seu beijo de vaga.

III

SONHO DE BARCO

À proa do "Albatroz" as águas mugem.
Quão belo é o mar! E o barco ali parado,
Em covarde inação desarvorado
Sobre um leito de pedras e salsugem!

– "Vem!" a instigá-lo as ondas, ruindo, rugem,
– "Vem!" – impelindo-o, diz-lhe o suão num brado –
"Rasga, avançando pelo ilimitado,
Teu sudário de limos e ferrugem!"

Mas do veleiro audaz foram-se os dias.
Erra-lhe a alma, entretanto, ao luar divaga,
Sonha entrar longe o gólfão das estrelas...

Fervem constelações, como ardentias,
Encarneiram-se as nuvens, – vaga e vaga;
E um largo sopro do alto lhe enche as velas...

IV

RECANTO DE PRAIA

Ao fim da praia e ao começar o monte,
Em cujo pico um forte guarda e espia
Aos pés e ao largo as águas da baía,
Tendo a cidade a lhe sorrir defronte,

Jaz a enseada, em que o mar choro de fonte
Antes tem que de vagas, e com a fria
Tarde ou noite de lua tal poesia
Que não há cor que a pinte ou voz que a conte.

Foi lá – testemunhando-nos extremos,
Só se via uma rede, um barco, e uns remos,
E a água que à areia vem, molha-a e se expande...

Foi lá que a vi... Não sei nem ninguém soube
Quanto a amei, e o que é mais, como ali coube
Em tão pequeno espaço amor tão grande.

V

CHORO DE VAGAS

Não é de águas apenas e de ventos,
No rude som, formada a voz do Oceano:
Em seu clamor – ouço um clamor humano,
Em seus lamentos – todos os lamentos.

São de náufragos mil estes acentos,
Estes gemidos, esse aiar insano;
Agarrados a um mastro, ou tábua, ou pano,
Vejo-os varridos de tufões violentos;

Vejo-os, na escuridão da noite, aflitos,
Bracejando, ou já mortos e debruços,
Largados das marés, em ermas plagas...

Ah! que são deles estes surdos gritos,
Este rumor de preces e soluços
E o choro de saudade destas vagas!

LIRA QUEBRADA

Tornando-a onde a deixei dependurada ao vento,
Sinto não ser mais esta a lira de outros dias,
Em que somente a amor votado o pensamento,
Livre e acaso feliz, a descantar me ouvias.

Quebrada vem. Rouqueja apenas um lamento,
As rosas com que, ó Musa, inda há pouco a vestias,
Fanam-se nos festões, soltam-se em desalento,
Vão-se. Ironia ou dor crispa-lhe as cordas frias.

Mas inda assim lhe escuto um resquício de notas
Perpassar e gemer; corre-lhe as fibras rotas
O fantasma do som que a alma um dia lhe encheu:

Como de um velho sino o bronze espedaçado
Guarda em cada fragmento o fragmento de um brado,
O eco de um hino, a voz de um canto que morreu...

ALTO DE SERRA

I

MANHÃ

Efunde a urna de Aquário a espaços o chuveiro
Que as flores lava, os brotos abre, o ar purifica.
Bebo-te, ó sazão forte, a seiva agreste e rica
Neste cheiro de chão de serra, que é o teu cheiro.

Já seu nevado véu de rendas o espinheiro
Solta; do ingá polpudo a árvore frutifica;
No álveo de areia e pedra e piscas de ouro e mica
Fartas rolam cantando as águas do ribeiro.

Um dia novo a tudo acaricia e banha.
Que bom fora já ter morrido, para agora
Ver-me esparso em cristais, folhas, eflúvios, lumes!

Para sorrir no sol que doura esta montanha!
Para chorar no tom com que este rio chora!
Para elevar-me aos céus em névoas e perfumes!

II

DECLÍNIO

Tarde outonal que assim desmaias lentamente,
– Flor de fogo a murchar em morosa agonia,
Nesse fundo de céu longínquo, do meu dia
Grande como o teu sol, vejo a câmara-ardente.

Fumam os círios, tolda o incenso o ar transparente,
O ouro do catafalco entreluz e irradia.
Zênite, auge, fulgor de pleno azul, Poesia,
Glória, alturas, adeus! Tudo agora é Poente.

Quem, no abismal descenso à tua ocídua tumba,
Entre serras e mar, o clarão que se acaba,
Tarde, reavivará? Quem te ampara e socorre?

Há uns trons de funeral no trovão que retumba,
Neste ruir de arrebóis há um sonho que desaba,
Neste ofego da luz há um coração que morre.

III

ALTA NOITE

Grandes céus estes para os grandes pensamentos
Neles soltar num vôo as asas, à vontade,
Na ânsia e sofreguidão de espaço e liberdade!
Grandes céus estes para abafados tormentos

Neles a alma esquecer! grandes para os violentos
Embates da paixão, grandes para a saudade
Ir-se, e o amor que a gerou como com a tempestade
As nuvens em bulcões açoitadas dos ventos.

Grandes céus estes para, em vindo o instante amargo
E último, o coração aí fazer-se ao largo!
Grandes céus, grandes céus que a apregoar estão:

Oh! o imenso! O de tão vasto em si mesmo perdido!
O sem princípio e fim! o Ignoto! o Incompreendido!
Tudo e um! Deus ou tudo! Amplidão! Amplidão!

BIOGRAFIA

Nasceu Antônio Mariano **Alberto de Oliveira** em Palmital de Saquarema, província do Rio de Janeiro, no dia 28 de abril de 1857. Primeiros estudos com o professor Eduardo Augusto de Almeida. Sua família se muda em 1871 para Itaboraí, em cuja biblioteca o jovem conhece os poetas românticos Gonçalves Dias, Casimiro de Abreu, Álvares de Azevedo, Fagundes Varela e outros. Em Itaboraí trabalha como guarda-livros numa casa comercial.

Vai em 1877 para o Rio de Janeiro, onde conhece Artur de Oliveira, que trouxera de Paris os primeiros livros de poetas parnasianos e também simbolistas. Costuma reunir-se em um café com Artur, e mais Fontoura Xavier, Carvalho Júnior, Teófilo Dias e outros.

A *Gazeta de Notícias* do Rio de Janeiro estampa em uma de suas páginas um soneto de Alberto, o que o aproxima do dono do jornal, Ferreira de Araújo.

Em 1880, já autor de um livro de poemas, inicia o curso de Farmácia, que irá concluir em 1882. Entre 1880 e 1881 faz parte, no *Diário do Rio de Janeiro*, do que chamaria de "guerra do parnaso", atacando os últimos românticos sob os pseudônimos Lírio Branco e Atta Troll. Mais ou menos por essa época faz amizade com Raimundo Correia e Olavo Bilac.

De 1892 a 1897, no governo de Joaquim Maurício de Abreu, exerce diversos cargos públicos, como oficial de gabinete e depois diretor-geral de Instrução. Seria ainda professor de Literatura Nacional e História Universal na Escola Normal, tendo lecionado ainda na Escola Dramática e sido inspetor de ensino.

Em 1897 é um dos fundadores da Academia Brasileira de Letras, ocupando a cadeira de número 8, cujo Patrono é o poeta Cláudio Manuel da Costa.

Casa-se, em 7 de fevereiro de 1899, com d. Maria da Glória Rebelo, viúva, mãe de um casal de filhos menores. Passando ela a se assinar Maria da Glória Rebelo de Oliveira, escreve o poema "M. G. R. O.", poema que está em "Alma livre", da segunda série de *Poesias*, e cujo verso final diz: "Mãe de meu filho! mãe dos meus melhores versos!" O filho que ela lhe deu, Antar, nasceu em 1901, ano em que o poeta vai para a casa da Rua Abílio, que um dia celebrará num soneto.

No ano de 1919 perde a mãe e a esposa.

É eleito em 1924 "Príncipe dos Poetas Brasileiros", em concurso promovido pela revista *Fon-Fon*, a mesma que elegera antes Olavo Bilac, que faleceu em 1918.

Em 1926 cede sua casa da Rua Abílio para um convento (sua enteada se tornara freira) e é eleito Presidente da Academia Brasileira de Letras, cargo ao qual renuncia na mesma hora.

Em 1933, tendo já publicado as quatro séries de suas *Poesias*, permite que o escritor e amigo Jorge Jobim organize e prefacie o livro *Poesias escolhidas*, contendo alguns inéditos.

No dia 12 de outubro de 1935 ingressa no Cenáculo Fluminense de História e Letras.

Em 19 de janeiro de 1937, falece em Niterói, na residência de seu irmão Luís Mariano, pouco antes de completar oitenta anos de idade. Este ano de 2007 registra, portanto, os 150 anos de nascimento e os 70 de falecimento do poeta.

É sem dúvida um dos maiores poetas brasileiros da fase parnasiana, ao lado de Olavo Bilac, Raimundo Correia e Vicente de Carvalho.

BIBLIOGRAFIA

Canções românticas. Rio de Janeiro: Gazeta de Notícias, 1878. Prefácio de Teófilo Dias.

Céu, terra e mar (antologia, prosa e verso). Rio de Janeiro: Francisco Alves, 1914.

Meridionais. Rio de Janeiro: Gazeta de Notícias, 1884. Prefácio de Machado de Assis.

O culto da forma na poesia brasileira. São Paulo: Levi, 1916.

Os cem melhores sonetos brasileiros. Rio de Janeiro: Freitas Bastos, 1932.

Páginas de ouro da poesia brasileira (antologia). Rio de Janeiro: Garnier, 1911.

Poesias. Rio de janeiro: Garnier, 1900. Não inclui *Canções românticas.*

Poesias, 1ª série. 2. ed. Rio de Janeiro: Garnier, 1912. Inclui poemas de *Canções românticas,* mas sem o "Livro de Ema".

Poesias, 2ª série. Rio de Janeiro: Garnier, 1906.

Poesias, 2ª série. 2. ed. revista. Rio de Janeiro: Garnier, 1912. Inclui o "Livro de Ema".

Poesias, 3ª série. Rio de Janeiro: Francisco Alves, 1913.

Poesias, 4ª série. Rio de Janeiro: Francisco Alves, 1927.

Poesias completas. Rio de Janeiro: UERJ, 3 v., 1978-1979. Edição crítica de Marco Aurélio Mello Reis.

Poesias escolhidas. Rio de Janeiro: Civilização Brasileira, 1933. Seleção e prefácio de Jorge Jobim.

Póstuma. Rio de Janeiro: Academia Brasileira de Letras, 1944. Prefácio de Aluísio de Castro.

Ramo de árvore. Rio de Janeiro: Anuário do Brasil, 1922.

Sonetos e poemas. Rio de Janeiro: Moreira Maximino, 1885.

Versos e rimas. Rio de Janeiro: Étoile du Sud, 1895. Prefácio de Araripe Júnior.

ÍNDICE

Alberto de Oliveira: ortodoxo, mas nem sempre............... 7

CANÇÕES ROMÂNTICAS (1878)

Aparição nas Águas... 22
O Ídolo... 25

MERIDIONAIS (1884)

Fantástica... 28
Sabor das Lágrimas.. 30
A Volta da Galera.. 31
A uma Artista.. 32
As Estrelas.. 33
Afrodite.. 34
À Luz do Ocaso.. 37
Saudade da Estátua.. 38
Em Caminho.. 39
Contraste.. 40
Junto ao Mar... 41
Beija-flores.. 42
O Rio.. 44
Manhã de Caça.. 45
Viajando... 49

SONETOS E POEMAS (1885)

A Galera de Cleópatra.. 52
Vaso Grego... 53
Vaso Chinês... 54
Sírinx... 55
Lendo os Antigos... 58
Enfim!... 59
Última Deusa... 60
Única... 61
A Árvore.. 62
A Lagarta... 69

VERSOS E RIMAS (1895)

Nova Diana.. 78
Aspiração... 82
A Camisa de Olga.. 84
Entrada de um Livro.. 86
A Taça de Hafiz... 87
A Vingança da Porta.. 89
O Sonho de Berta.. 90
Paganismo... 94
Sonho.. 95

POESIAS, 1ª SÉRIE (1900)

Por Amor de uma Lágrima.. 98

POESIAS, 2ª SÉRIE (1912)

Livro de Ema
Acordando... 106

Coração Moribundo..	107
Morta..	108
No Paraíba...	112
Palmeira da Serra...	114
Solidão Estrelada..	115
O Espelho..	117
Serenata no Rio...	120
Noturno...	123
Alma Livre	
Taça de Coral..	124
Flor Santa..	125
Versos do Coração..	127
O Muro..	129
M. G. R. O.	130
A que se Foi..	131
Num Trem de Subúrbio..	134
O Pior dos Males..	135
Os Amores da Estrela...	136
Sob um Salgueiro..	138
Palemo..	139
Confissão dos Olhos...	140
Naufrágio..	141
Terra Natal	
O Paraíba..	142
O Ninho...	156
A Morte do Feitor...	157
Alma em Flor	
Primeiro Canto...	163
Segundo Canto...	168
Terceiro Canto..	175

233

POESIAS, 3ª SÉRIE (1913)

Sol de Verão
A Cigarra da Chácara... 184
Caminho da Vida... 185
Velhice Feliz.. 187
Solidão... 189
Céu Noturno
Horas Mortas.. 190
Maré de Equinócio... 191
Cheiro de Espádua... 192
Vigília... 193
Alma das Cousas
Floresta Convulsa... 194
Rimas Várias
Um canto ainda, antes que a noite desça................. 195
Gravidade... 196
Tempo Perdido... 197
Pastores.. 198

POESIAS, 4ª SÉRIE (1927)

Agora é tarde para novo rumo.................................. 200
Alma e Céu
Rauso.. 201
Céu Fluminense... 202
S.. 203
Flor de Caverna.. 204
Vestígios Divinos.. 205
Velhice.. 206
Câmara Ardente
A Casa da Rua Abílio... 207
Excelsitude... 208

Ramo de Árvore
Vaga-lume... 209
Crescente de Agosto.. 210
A Alma dos Vinte Anos.. 211
O Caminho do Morro.. 212
Almas Sofredoras... 213
Ironia.. 215
Velas ao Vento.. 216
Lira Quebrada... 221
Alto de Serra... 222

Biografia... 225
Bibliografia... 229

COLEÇÃO MELHORES POEMAS

CASTRO ALVES
Seleção e prefácio de Lêdo Ivo

LÊDO IVO
Seleção e prefácio de Sergio Alves Peixoto

FERREIRA GULLAR
Seleção e prefácio de Alfredo Bosi

MARIO QUINTANA
Seleção e prefácio de Fausto Cunha

CARLOS PENA FILHO
Seleção e prefácio de Edilberto Coutinho

TOMÁS ANTÔNIO GONZAGA
Seleção e prefácio de Alexandre Eulalio

MANUEL BANDEIRA
Seleção e prefácio de Francisco de Assis Barbosa

CECÍLIA MEIRELES
Seleção e prefácio de Maria Fernanda

CARLOS NEJAR
Seleção e prefácio de Léo Gilson Ribeiro

LUÍS DE CAMÕES
Seleção e prefácio de Leodegário A. de Azevedo Filho

GREGÓRIO DE MATOS
Seleção e prefácio de Darcy Damasceno

ÁLVARES DE AZEVEDO
Seleção e prefácio de Antonio Candido

MÁRIO FAUSTINO
Seleção e prefácio de Benedito Nunes

ALPHONSUS DE GUIMARAENS
Seleção e prefácio de Alphonsus de Guimaraens Filho

OLAVO BILAC
Seleção e prefácio de Marisa Lajolo

JOÃO CABRAL DE MELO NETO
Seleção e prefácio de Antonio Carlos Secchin

FERNANDO PESSOA
Seleção e prefácio de Teresa Rita Lopes

AUGUSTO DOS ANJOS
Seleção e prefácio de José Paulo Paes

BOCAGE
Seleção e prefácio de Cleonice Berardinelli

MÁRIO DE ANDRADE
Seleção e prefácio de Gilda de Mello e Souza

PAULO MENDES CAMPOS
Seleção e prefácio de Guilhermino César

LUÍS DELFINO
Seleção e prefácio de Lauro Junkes

GONÇALVES DIAS
Seleção e prefácio de José Carlos Garbuglio

AFFONSO ROMANO DE SANT'ANNA
Seleção e prefácio de Donaldo Schüler

HAROLDO DE CAMPOS
Seleção e prefácio de Inês Oseki-Dépré

GILBERTO MENDONÇA TELES
Seleção e prefácio de Luiz Busatto

GUILHERME DE ALMEIDA
Seleção e prefácio de Carlos Vogt

JORGE DE LIMA
Seleção e prefácio de Gilberto Mendonça Teles

CASIMIRO DE ABREU
Seleção e prefácio de Rubem Braga

MURILO MENDES
Seleção e prefácio de Luciana Stegagno Picchio

PAULO LEMINSKI
Seleção e prefácio de Fred Góes e Álvaro Marins

RAIMUNDO CORREIA
Seleção e prefácio de Telenia Hill

CRUZ E SOUSA
Seleção e prefácio de Flávio Aguiar

DANTE MILANO
Seleção e prefácio de Ivan Junqueira

JOSÉ PAULO PAES
Seleção e prefácio de Davi Arrigucci Jr.

CLÁUDIO MANUEL DA COSTA
Seleção e prefácio de Francisco Iglésias

MACHADO DE ASSIS
Seleção e prefácio de Alexei Bueno

HENRIQUETA LISBOA
Seleção e prefácio de Fábio Lucas

A*UGUSTO* **M***EYER*
Seleção e prefácio de Tania Franco Carvalhal

R*IBEIRO* **C***OUTO*
Seleção e prefácio de José Almino

R*AUL DE* **L***EONI*
Seleção e prefácio de Pedro Lyra

A*LVARENGA* **P***EIXOTO*
Seleção e prefácio de Antonio Arnoni Prado

C*ASSIANO* **R***ICARDO*
Seleção e prefácio de Luiza Franco Moreira

B*UENO DE* **R***IVERA*
Seleção e prefácio de Affonso Romano de Sant'Anna

I*VAN* **J***UNQUEIRA*
Seleção e prefácio de Ricardo Thomé

C*ORA* **C***ORALINA*
Seleção e prefácio de Darcy França Denófrio

A*NTERO DE* **Q***UENTAL*
Seleção e prefácio de Benjamin Abdalla Junior

N*AURO* **M***ACHADO*
Seleção e prefácio de Hildeberto Barbosa Filho

F*AGUNDES* **V***ARELA*
Seleção e prefácio de Antonio Carlos Secchin

C*ESÁRIO* **V***ERDE*
Seleção e prefácio de Leyla Perrone-Moisés

F*LORBELA* **E***SPANCA*
Seleção e prefácio de Zina Bellodi

V*ICENTE DE* **C***ARVALHO*
Seleção e prefácio de Cláudio Murilo Leal

P*ATATIVA DO* **A***SSARÉ*
Seleção e prefácio de Cláudio Portella

A*LBERTO DA* **C***OSTA E* **S***ILVA*
Seleção e prefácio de André Seffrin

A*LBERTO DE* **O***LIVEIRA*
Seleção e prefácio de Sânzio de Azevedo

A*LPHONSUS DE* **G***UIMARAENS* **F***ILHO**
Seleção e prefácio de Afonso Henriques Neto

A*RMANDO* **F***REITAS* **F***ILHO**
Seleção e prefácio de Heloísa Buarque de Hollanda

Á*LVARO* **A***LVES DE* **F***ARIA**
Seleção e prefácio de Carlos Felipe Moisés

*MÁRIO DE SÁ-CARNEIRO**
Seleção e prefácio de Lucila Nogueira

*SOUSÂNDRADE**
Seleção e prefácio de Adriano Espínola

*LUIZ DE MIRANDA**
Seleção e prefácio de Regina Zilbermann

*WALMYR AYALA**
Seleção e prefácio de Marco Lucchesi

*PRELO**

Impresso nas oficinas da
Gráfica Palas Athena